KB274937

한국어의 역사와 문화 _{개정판}

한국어의 역사와 문화

개정판

고창수

지식과교양

머리말

    인간은 언어와 함께 발전해 왔다. 보편적 의미에서도 그러하지만 개별적 인간이나 언어공동체의 성장도 언어 혹은 개별 언어와 함께 지속되어 왔다. 보편 언어 개념에 대해 개별 언어는 그 언어 공동체의 결속을 다져왔을 뿐 아니라, 공동체의 정체성을 가장 분명하게 대표해 왔다. 한국어도 예외는 아니어서 우리는 유구한 역사를 통해 다듬어 온 현대한국어의 문화적 혜택을 누리면서 동시에 한국인으로서의 정체성 또한 분명하게 유지하고 있다.

    언어는 끊임없이 진화하는 유기체와 같은 것이어서 오늘날 우리가 사용하는 한국어는 일조일석에 이루어진 것이 아닌 역사적 계승의 결과이다. 처음에는 보편적 언어의 테두리 속에 있다가 종족의 분화와 이동을 통해 역사적으로 한국어가 등장하게 되었다. 한국어도 다른 언어들과 마찬가지로 오랜 시간 인접어들과의 접촉과 분기를 통해 형성되었을 것이다. 그러나 현재로서는 그 시종을 잘 알기 어려울 뿐더러 인접어들과의 관계 또한 정확히 알 수 있는 형편이 아니다. 더구나 한반도에 고대 삼국이 성립되기 이전의 한국어들은 편린조차 찾기 어려워서 다만 중국 사서에 기록된 몇몇 기록에 의존하여 당시의 상황을 짐작할 뿐이다.

　그렇지만 삼국이 형성되기 이전부터 한국인과 한국어에 대한 주변의 인식은 분명히 정립되어 있었던 것으로 보인다. 아마 이를 동력으로 삼한이라는 의식 속에서 한민족의 뿌리가 깊게 내릴 수 있었을 것이다. 고대 삼국의 언어들은 계통적 차이보다는 다소간의 차이를 보이는 개별 방언으로 분화된 것으로 보인다. 삼국의 언어들 모두 현대한국어의 모태가 될 수 있는 공통점들을 이미 갖추고 있었기 때문이다. 다만 삼국의 자료들은 신라어에 편중되어 있으므로 이의 시시비비를 정확히 가리기는 쉬운 일이 아니다. 어쨌든 삼국의 언어들은 신라의 통일을 계기로 융화되어 중세한국어를 거쳐 현대한국어에 도달하는 긴 여정을 일관되게 지속할 수 있었다는 것은 사실이다.

　고대 삼국의 문화적 수준은 당시 동아시아의 중심 국가인 중국에 견줄 만한 것이었다. 그들이 남긴 많은 유물과 유적들이 이를 잘 보여주고 있다. 고대인들은 문자 생활에 있어서도 나름대로 체계적인 문자를 사용할 수 있었다. 향찰로 대표되는 차자표기가 그것이다. 차자표기는 비록 한자의 음과 훈을 이용한 것이기는 하나 당시의 상황으로 볼 때 이러한 방법은 효율적이고 현명한 방법이었다.

　또한 한자 차자표기는 단순히 우리만의 고립되고 궁벽한 문자로 치부하기 어려운 높은 수준의 언어 이해를 바탕으로 한 정밀한 표기였다. 이는 또한 개념적인 문자의 탄생으로부터 점점 음소문자 체계로 이행되어 가는 보편적인 문자 발달사와 궤를 같이 하는 것으로, 고대의 한국 문화가 당시 세계의 보편성을 충분히 이해하고 있었음을 의미한다.

　차자표기의 전통은 결국 세종의 훈민정음 창제로 이어지게 된다.

훈민정음은 세계 문자사에 보기 드물게 개인의 과학적 숙고 속에 이루어진 독창적이며 체계적인 음소문자이다. 이로써 우리는 근대화에 필요한 음소문자생활이 가능하게 되었다. 이러한 우리 고유의 문자 발달은 보편적 문자 발전의 단계를 그대로 따르는 것이다. 따라서 너무나 독창적이라는 이유로 세계 문자사 속에서 계통적으로 고립된 문자로 한글이 알려져 있다는 것은 시급히 시정해야 할 역사적 과제이다. 한글의 창제는 고대의 차자표기, 즉 향찰과의 관련성을 통해 보편 문자사의 한 갈래로 이해할 필요가 있다는 것이다.

세종의 한글 창제로 우리의 의식과 문자생활이 곧바로 근대화된 것은 아니었다. 조선왕조가 지속되는 동안 지배 계급은 중세적 권위관과 수구적 태도로 일관하면서 한글이 문자생활의 중심에 서는 것을 의식적으로 회피하였다. 그럼에도 불구하고 근대화 초기에 한국어 운동을 통해 한글이 급속도로 보급될 수 있었던 것은 한글이 가진 배우기 쉬운 장점 외에도 한글 창제 이래 근대 한국어 시대를 거치는 동안 암암리에 축적되고 확산된 한글 사용자들로부터 힘입은 바가 크다. 그들은 대체로 당시 정치·경제·사회 전반에서 활동이 제약된 지배계층의 여성들을 포함하는 피지배계층의 사람들이었다. 당시의 한글은 한문을 배우지 못한 평민이나 근대적 정신에 충만한 지식인들에게 근대 한국어시대를 살아가는 하나의 정신적 동력원이 될 수 있었다.

이러한 한글 사용에 대한 욕구는 서양문물이 들어오기 시작한 개화기나 일제 침략기에도 계속 이어졌다. 더구나 이 시기에는 많은 지식인들이 한국어를 체계적으로 연구하고 한글을 적극적으로 보급하는 등 지식 확산 운동의 한 수단으로 한국어 및 한글 교육에 노력하였다.

이러한 선각자들 덕분에 일제의 탄압 속에서도 맞춤법 통일안이 제정되고 한국어 사전을 제작하는 등 독립국가로서 제대로 된 어문 규범을 탄생시킬 수 있었다. 이 시기의 지식인들은 한민족의 정체성과 한국어를 동일시하였기 때문에 민족의 사활을 걸고 이 일에 참여하였던 것이다.

독립국가인 대한민국이 수립되면서 언어문화 생활에 남아있는 일제의 잔재를 일소하게 된 것은 현대 한국어사의 일대 쾌거라고 할 수 있다. 이후 현대적인 산업 발전 시기에서 한글은 고급 인력을 유일한 자원으로 하는 대한민국의 가장 핵심적인 성장 동력이 되었다. 결국 우리는 산업 근대화에 성공하였을 뿐 아니라, 이제는 21세기 지식정보 사회를 견인하는 세계 중심 국가의 하나로 성장하였다. 현재 진행되고 있는 디지털 혁명 속에서 한글은 여전히 자신이 장점을 유감없이 발휘하고 있기 때문이다. 앞으로도 글로벌 세계 속에서 지식정보 혁명을 지속적으로 주도하기 위해서는 언어정보산업과 같이 언어문화를 배경으로 한 기반 연구가 지속될 필요가 있다.

이 책에서는 한국어의 역사문화를 통해 한국어가 어떻게 형성되고 어떤 발전을 겪었으며, 그 안에서 언어생활에 관련된 문화들이 어떻게 발전했는지를 간단히 설명하려고 했다. 특히 앞서 서술한 바와 같이 한국어의 역사문화를 두 가지 방면에서 관찰하려고 했다. 하나는 보편언어 개념으로부터 개별 언어인 한국어가 발전해 온 경과를 살펴보는 것이다. 또 하나는 보편 문자사에서 한글로 이어지는 발전 양상과 그 근대적 성격 및 현대한국어 생활에 미친 영향들을 종합적으로 고찰해 보는 것이다.

물론 한국어의 시대적 발전은 그 나름대로의 의의가 있다. 우리가 오늘날 쓰고 있는 현대한국어가 어떤 역사적 변천을 거치면서 현재에 이르게 되었는지를 궁구해 보는 것도 하나의 과제가 될 것이다. 그러나 이미 많은 연구들에서 고대한국어와 중세한국어, 그리고 근대한국어에 대한 여러 지식들을 설파하였기 때문에 여기에서는 이들에 대한 자세한 설명은 가능한 피하도록 하였다. 그렇지만 각 시기별 언어들이 체계적으로 어떤 상관관계를 가지고 발전했는지에 대해서는 한 눈에 조감할 수 있도록 유기적 설명을 베풀 수 있도록 노력하였다. 무엇보다 각 시대를 살아간 한국인들이 그 시대 언어문화발전에 어떤 노력을 기울였으며, 그것이 현재에 어떤 의미를 가지고 있는지에 주목하도록 하였다. 앞서 설명하였듯이 우리의 한국어는 우리의 정체성 그 자체이며, 한국어를 중심으로 한 문화발전은 결국 우리 사회 전반에 걸친 문화발전의 견인차가 되기 때문이다.

이 책을 쓰는 과정에서 이미 새롭게 주장된 새로운 지식들을 두루 섭렵하지 못한 점들이 있다. 그러나 이 책은 처음부터 한국어의 역사와 문화에 대한 세부적인 사항들을 기술하려는 데 목적을 둔 것이 아니다. 오히려 한국어의 문화 전통을 일반적이며 보편적인 관점에서 이해하여 이를 유기적으로 설명하는 데 주안점을 두고 있다. 이런 점에서 많은 독자들이 저자의 좁은 식견을 너그럽게 용서하길 바란다.

이 책에서 직·간접적으로 인용되거나 참고가 된 많은 학자들의 연구 업적이나 견해로 내용을 알차게 더할 수 있었다는 것은 너무나도 고마운 일이다. 이 자리를 통해 선학들에게 감사의 말씀을 전하는 바이다. 또한 초판 뿐 아니라 개정판의 원고를 다듬는 과정에서 최초의

평자가 되어 준 김원경 교수에게는 특별한 고마움을 전해야겠다. 새
삼 앞으로 우리 정호가 이 책을 읽고 자신만의 견해를 가질 기회가 있
을까 생각해 보았다. 그것은 하나님만 아실 것이다. 끝으로 개정판의
출간에 세심한 신경을 써 주신 지식과교양사의 편집부와 윤석원 대표
님께도 감사의 뜻을 전한다.

2013년

낙산 언덕에서

고 창 수

ㄹ 목차

1장
언어란 무엇인가?

1. 인간 언어의 특성
2. 언어학과 언어문화

한국어의 역사와 문화

1. 인간 언어의 특성

언어는 인간에게 고유한 것이다. 인간만이 언어를 배울 수 있고, 자유롭게 구사할 수 있다. 인간으로 태어나면 누구나 처음 접하게 된 언어를 자연스럽게 습득하게 된다. 환경에 따라서는 두 가지 이상의 언어를 습득할 수 있을 뿐 아니라, 성인이 되는 과정 혹은 그 이후에라도 또 다른 언어들을 학습할 수도 있다. 게다가 너무 당연한 일이지만 모든 인간의 언어는 서로 번역 가능하다. 즉, 인간의 언어는 본질적으로 동일한 운용 원리에 의해 작동되는 고유한 시스템인 것이다.

세상에는 약 6,000여개의 언어가 있지만 그 본질에는 다름이 없다. 인간이 언어를 가지게 된 역사는 대략 6만년 정도라고 보고 있다. 이 시기를 전후하여 최초의 언어를 가지게 된 인간이야말로 우리의 직접적인 조상 인간이다. 이러한 점에서 언어의 탄생은 인간의 위대한 도약이라고 할 수 있다. 언어를 통해 인간은 진정한 인간이 되었기 때문이다. 인간이 언어를 가지게 되면서 많은 언어들이 분기하고 또 많은 언어들이 사멸하였다. 오늘날 사용하고 있는 모든 언어들은 나름대로 특별한 역사적 결과이다. 이런 점에서 언어의 역사는 끊임없는 변화의 역사라고 할 수 있다.

언어는 살아있는 생명체와 같아서 지금 이 시간에도 언어의 변화는 계속되고 있다. 개별 언어들은 모두 발음과 규칙, 그리고 의미의 세밀한 변화를 현재 진행형으로 겪고 있는 것이다. 또한 피진pidgin과 같이 의사소통의 편의상 급조된 언어들도 있는데, 이러한 의사소통 집단의 후대들은 자연스럽게 크리올creole과 같은 새로운 언어를 탄생시키기도 한다. 피진과 크리올은 비교적 현대에 형성된 것이므로 그 역사적 과정을 엿볼 수 있다. 그러나 고대의 언어들이 명멸하는 과정도 이와 유사했을 것이라고 짐작할 수 있다.

언어 중에는 영어와 같이 국제적으로 세력을 얻어 글로벌 시대에 의사소통의 가교 역할을 하는 언어들도 있다. 이러한 언어들을 특별히 링구아프랑카lingua franca라고 부르기도 한다.[1] 과거에는 서양을 중심으로 그리스어나 라틴어가 그 역할을 수행하기도 했고, 동양에서는 한문이 그 역할을 수행한 적도 있었다. 그러나 현재와 같은 글로벌 사회에서는 미디어나 교통수단의 발달에 힘입어 현재의 국제 통용어로 사용되는 영어는 과거의 국제 통용어들보다 훨씬 큰 힘을 발휘하고 있는 것도 사실이다.

언어는 기본적으로 의사소통의 수단을 의미한다. 이런 의미에서 거의 모든 생물들은 나름대로 의사소통의 체계를 가지고 있다. 그러나 인간의 언어는 그저 단순한 의사소통의 도구가 아니다. 그것은 지구상의 모든 생물과 구별되는 인간 언어만의 독특한 특성이 있기 때문이다. 인간의 위대한 도약이 왜 언어를 통해 이루어졌는지도 인간 언어의 이러한 특성에서 기인하는 것이다. 인간 언어의 특성을 세 가지로 요약하면 다음과 같다.

첫째, 언어는 근본적으로 이중분절 기호 체계라는 점이다. 인간의

---

1 링구아프랑카를 넓은 의미에서 정의하면 앞서 언급한 피진과 크리올을 포함할 수도 있다.

언어는 발성기관을 통해 산출되고 청각기관으로 수용되는 소리의 집합이다. 그런데 이와 같은 소리는 모두 분절적 기호에 대응한다. 즉 인간의 언어음은 모두 문자로 표현이 가능하다. 그러나 이러한 대응 체계는 단순한 것이 아니다. 언어의 분절 기호는 음성 기호와 의미 기호로 나뉘어 각각 독립적인 분절 체계를 가지기 때문이다. 보통 낱개의 독립된 분절음인 음절들이 모여 단어를 구성하는데, 이 음절은 그보다 작은 단위인 음소로 분절될 수 있다. 또한 각 음소들이 모여 의미의 가장 작은 단위인 형태소가 되고, 형태소는 다시 단어를 만들고, 이 단어들이 모여 문장과 텍스트가 된다.[2] 즉, 언어를 구성하는 가장 큰 단위라고 할 수 있는 텍스트는 결국 음소라는 가장 작은 분절체로 분해된다. 그러나 이러한 분해는 항상 소리와 의미라는 두 방향으로 진행되는 것이다. 따라서 언어의 이중분절성은 단위 음소가 음절, 어절 단위로 확장되면서 동시에 형태소, 단어, 문장 단위로 확장되는 기호 구성적 특성을 말하는 것이다. 이러한 이중분절성 덕분에 인간은 몇십 개밖에 안 되는 음소라는 기본 단위를 이용하여 무수히 많은 단어와 문장들을 표현할 수 있다. 당연히 이와 같은 언어음의 분절성은 음소 단위만 정확히 분석할 수 있다면 모든 단어와 문장을 표현할 수 있는 문자 체계를 고안할 수 있는 기본 전제가 된다.

둘째는 언어의 이중분절성으로부터 기인한 언어의 창조성이다. 우리가 지금 말하는 거의 모든 문장은 새롭게 만들어진 문장들이다. 우

---

2 텍스트는 일관된 생각을 모은 문장의 집합이다. 이는 보통 문어에 대해 언급할 때 많이 사용하고, 구어에 대해서는 문장과 특별히 구별하지 않는 발화라는 용어를 사용한다.

리는 인사말이나 상투적인 몇몇 표현을 제외하고는 같은 말을 반복하는 경우가 거의 없다. 더구나 새로운 개념을 전달할 때는 항상 새로운 어휘와 새로운 표현을 사용한다. 지금 이 순간에도 세상의 많은 발화들 중에는 이제 막 태어난 어휘들도 있고, 세력을 얻어 가는 어휘가 있는 반면, 소멸되어 가는 어휘들도 있다. 지난 시대의 어휘들 중 많은 부분은 새로운 어휘로 대체되고 있으며, 새 시대에 맞는 새로운 문법에 의한 참신한 표현들이 넘쳐나고 있다. 과거의 언어든 현재의 언어든 언어라고 하는 기본적 기제에는 큰 변화가 없지만, 늘 새로운 생각에는 새로운 표현이 뒤따른다. 그렇지만 이러한 언어의 창조성이 일조일석에 이루어진 것이라고는 볼 수 없다. 인간은 아마 인간 언어의 위대한 도약이래로 언어의 창조성을 자연스럽게 내재할 수 있었을 것이다.

셋째는 언어의 사고성이다. 언어가 없었다면 인간은 정치하고 복잡한 사고를 할 수 없었을 것이다. 최초의 언어는 공동의 수렵 행위에 충분한 정도로 단순한 언어로부터 출발하였을 것이다. 언어의 최초 상태에 대한 직접 증거는 없지만 보통 공동체 생활과 장묘 문화의 고고학적 증거로 언어의 존재를 짐작할 수 있다. 여기서 특히 장묘 문화, 즉 무덤과 부장품의 증거는 인간이 이미 현실적으로 존재하지 않은 것을 사고할 수 있었다는 충분한 방증을 제공해 준다. 이러한 사고가 가능한 것은 언어의 존재를 빼놓고는 설명하기 어렵다. 또한 고인돌과 같이 대규모의 협동 없이는 불가능한 유적들은 이미 언어의 존재가 거의 현대인과 같은 사유를 잉태할 수 있는 정도로 발전했음을 의미한다. 즉 언어의 발달은 사고의 발달과 궤를 같이 하는 것이다. 현대의 언어는 아주 복잡하고 치밀한 사고가 가능한 언어로 발전했다. 우리는 언어를 통해 자신을 반성하고 과거를 회고할 뿐 아니라, 미래를 예측하고 현실의 복잡한 업무를 수행한다. 즉 언어의 사고기능을 한 마디로 요약하면 기억, 협동, 상상이다. 사고가 먼저 있었는지, 언어가 먼저 있었는지를 논하는 것은 그리 중요하지 않다. 인간이 근본적으로 사고하는 존재로 도약하였을 때에는 이미 언어라는 의사소통 수단을 개발하였다는 사실은 의심할 여지가 없다. 이제는 그 언어가 우리의 모든 사고를 지배하고 새로운 사고를 형성하는 기반이 되고 있다.

그렇다면 인간은 언제부터 언어를 말하게 되었을까? 앞서 언급하였듯이 고인류와 현생인류를 구별하는 가장 중요한 지표는 언어이다. 따라서 언어의 기원은 현생인류인 크로마뇽인이 활동하기 시작한 고고학적 증거들로부터 추산할 수 있는 6만 년 전후의 시기로 추정해 볼 수 있다. 그 이전의 인류는 말을 주고받은 흔적인 공동생활의 다양성을 크로마뇽인만큼 보여주지 못하였기 때문이다. 그렇지만 직립보행이라는 특성으로부터 출발한 고인류들이 '도구 사용 인간homo faber'을 거쳐 현생인류인 '말하는 인간homo loquens'으로 오랜 기간 진화했다고 보아야 한다. 여기서 가장 논증하기 어려운 부분이 앞서 설명한 대로 언어가 하나의 창발적 도약이라는 점이다. 즉 완만하고도 오랜 진화의 순간에도 인간이 언어적 존재가 되었다는 것은 특별한 사건으로 해석된다는 것이다.

인간이 문자를 사용하기 시작한 것은 약 5천 년 전쯤으로 추정된다. 그 이전의 인간들은 아주 오랜 시간 입으로만 말하는 시간을 겪었을 것이다. 그 당시 현생 인류는 각종 도구들을 제작하고 공동체 생활을

영위하면서 하나의 문화를 이루는 기초를 쌓고 있었다. 그것이 하나
의 문명이 되는 순간은 바로 인간이 문자를 사용하게 된 순간과 일치
한다. 하나의 문화를 이루는 근간으로서의 언어는 동시에 고도로 발
달된 문명 생활을 이루게 하는 기초가 되었다는 말이다.

　최초의 말은 현생 인류 중 지극히 작은 단일한 집단으로부터 출발하
였다. 현대의 유전공학 기술이 밝힌 대로 현재의 모든 인류가 '유전자
적 이브'라고 하는 하나의 여성이 가지고 있던 미토콘드리아를 공유하
고 있다는 사실이 이러한 추론을 뒷받침한다.[3] 그렇다면 지금과 같은
언어의 다양성도 처음에는 비교적 단순한 상태의 변이 언어들로부터
시작된 것이라고 볼 수 있다. 아프리카에서 처음 출현한 현생 인류는
이후 수 만년의 시간을 두고 지구 각지로 이동하였다. 이러한 과정에
서 최초의 공동체 사회를 떠난 인간들은 서로 격리된 지역에 정착하면
서 다양한 언어 공동체들로 발전하였다고 보는 것이다. 물론 인간의
이러한 여정은 단순한 것이 아니어서 연속된 이동에서 멸종이나 융합
을 통해 새롭게 대체되는 언어의 변화도 충분히 상정할 수 있다. 처음
으로 언어의 역사를 과학적으로 탐구한 계통론은 인간이 몇 개의 조상
언어로부터 분지된 다분지 기원설을 바탕으로 전개된 것이다. 그렇지
만 현생 인류의 조상이 한 여성으로부터 시작된 것이라는 생물학적 견
해를 따른다면 결국 인간의 언어는 하나의 단일한 조상 언어로 귀결되
어야 할 것이다.

　그러나 현재로서는 이러한 단일 언어를 재구하는 열쇠를 찾기란 쉽

---

3 'Mitochondrial Eve' is the most recent common matrilineal ancestor for all
　modern humans(from Wiki).

지 않다. 그럼에도 불구하고 많은 언어들이 대체로 인도유럽어족이나 알타이어족 등 몇 개의 어족으로 분류될 수 있다는 사실은 단일 언어의 상정이 아주 불가능한 가설이 아니라는 점을 시사한다.[4] 또한 전 세계의 많은 언어들은 차용 관계를 밝히기 어려운 공통점들을 서로 가지고 있다. 가장 오래된 수메르어인 경우에도 아버지를 '*abum'이라고 하고, 이의 속격형을 '*abi'라고 하는데(Ball, 1913), 이는 아람어 'abba'와 대응되고, 한국어의 'abi' 혹은 'abba'와 대응된다. 전 세계적으로 아버지나 어머니를 뜻하는 단어들이 'ab'이나 'əm'을 공통적으로 갖는다는 사실도 우연한 일은 아닐 것이다. 이제까지는 이런 단어들의 공통성이 발성기관의 자연스러움에 의한 것이라고 하였지만, 앞으로는 이들이 하나의 언어로부터 출발하였기 때문이라는 가정도 가능하다. 나라를 뜻하는 수메르어 '*gu' 또한 중국어 'kuo'나 고대한국어의 '*kara' 혹은 '*kuri'와 대응된다는 것도 흥미로운 일이다. 그리고 "중세한국어의 'ᄇᆞ롬'도 '風'의 중국 상고음 '*pljəm'으로부터 비롯되었다는 관찰"(최영애, 1990)도 서로 다른 계통을 가지는 언어끼리의 교섭에 의한 것 이상의 의미를 내포할 수 있다.

다시 언어를 처음 사용한 최초의 인류 집단에 대해 생각해 보자. '유전자적 이브'의 후예들인 우리의 조상은 같은 시기를 살았던 네안데르탈인과 같은 고인류들은 물론 다른 집단의 크로마뇽인들을 물리치고

---

4 알타이어족에 속하는 언어들이 실제로는 하나의 어족을 구성할 만한 공통성을 증명하기 힘들다는 이유로 알타이어족설 자체를 비판하는 학자들도 있다. 그러나 그것은 기존의 계통론의 방법론 안에서만 통용되는 이유일 뿐이다. 모든 언어들이 결국 어떠한 계통적 기원을 가져야 한다면 모든 문제들은 원점에서 다시 검토해 보아야 할 것이다.

우리의 조상이 될 수 있었다. 이것은 오로지 '언어의 창조성'을 우리 조상이 획득했기 때문이라고 볼 수 있다. 즉 우리의 조상 인류는 창조적인 언어활동을 중심으로 집단의 결속력을 다질 수 있었으며 이로부터 진정한 인류의 역사가 시작되었다고 할 수 있다. 언어를 말하는 인간으로서 진정한 인간의 삶이 시작된 것이다. 오늘날 그들이 남긴 그림과 도구들을 살펴보라. 우리는 그들과 생물학적인 유전자뿐 아니라 언어적 공동재로 함께 묶여있다. 인간의 모든 문명적 발달은 거의 궤를 같이 한다. 예를 들어 전 세계 도처에 남아있는 거대한 고대 유물들은 피라미드 형태라는 공통된 형태를 가지고 있다. 그것은 그들이 가지고 있는 공동적 노력과 기술의 한계를 극복하기 위한 유일한 형태였기 때문이다. 인간의 언어도 그러하다. 역사적으로 발전된 다양한 언어 형태에도 불구하고, 음소를 기반으로 하고 단어를 중심으로 문장을 만드는 기본 규칙에는 변함이 없다. 즉, 현재의 모든 언어는 최초의 언어로부터 비롯된 다양한 변이체이긴 하지만, 언어가 가지는 기본 원리 및 체계를 이루는 점에서는 똑같은 시스템의 자손들이다.

언어는 언어를 배울 수 있는 능력과 이를 활용하는 능력으로 구별된다. 언어를 배울 수 있는 능력은 인간이면 누구나 타고나는 것이다. 다시 말해서 언어 능력은 유전된다. 언어가 유전되기 위해서 인간의 두뇌는 그만큼 복잡해야 한다. 누구든지 최초의 언어 상태에서는 언어를 자유롭게 말할 수 없다. 그러나 특정 언어에 노출되면서 언어적 능력은 점점 성장하여 특정 언어를 활용하여 말할 수 있는 능력을 가지게 된다.[5] 이 과정은 인간 인지 능력의 아주 깊은 곳에서 이루어지기 때문에 어린 시절의 언어 능력은 거의 무의식중에 발현된다. 이러한 언어 습득은 어떤 언어를 대상으로 하든 유사한 발달 단계를 보이기 때문에 대개 다섯 살이나 여섯 살 정도의 어린 아이는 해당 언어의 기초적인 습득을 완성하게 된다.

그러나 언어 습득이 무의식적으로 이루어진다고 해서 이를 이루는 과정이 단순한 것은 아니다. 대개의 어린 아이들은 처음에 자신에게 말을 거는 몇몇의 어른들이 하는 단어들을 단순하게 따라하다가 어느 순간 문장을 만드는 방법을 스스로 체득한다. 이러한 체득이 가능한 수년간은 어린 아이는 자신의 언어 습득에 매우 집중하기 때문에 어른들이 놀랄 정도의 발달 단계를 순식간에 보낼 수 있다. 자신의 모어를 습득하든 이미 성장한 후에 다른 언어를 학습하든 언어를 배우는 원리는 똑같다. 다만 성장한 이후의 학습 효율이 낮은 이유는 어린 아이가 자신의 모어를 배우는 만큼 제 2언어를 배우는 데 두뇌가 집중적으로 작동하지 않기 때문이다.

언어가 어떤 발달을 거쳤든 언어가 수많은 문명을 이루는 데 핵심적인 기반이 되었다는 것은 의심할 여지가 없다. 언어는 의사소통의 가장 중요한 수단이면서, 모어를 중심으로 결합된 언어 공동체의 가장 분명한 정체성을 말해준다. 이미 사멸해 버린 언어들도 땅이름과 같은 것에 자신의 흔적을 남겨놓는다. 동일한 언어를 사용하는 사람들은 자신들이 중요하게 생각했던 것들에 자신이 사용한 언어의 이름을 남겼기 때문이다(도수희, 2010). 한 언어 공동체에서 태어난 어린 아이

---

5 이와 같이 성장하는 언어 능력을 'language faculty'라고 한다(from Chomsky's Minimalism).

는 단순히 의사소통의 수단이 되는 언어를 배우는 것이 아니라, 공동체의 사유 자체를 배운다.[6] 해당 언어 사회가 어떤 믿음과 문화 활동에 관심이 있는가에 따라 언어의 지식도 달라지기 때문이다.

한국어는 오랜 기간 존대법 어미를 발달시켰다. 이런 면에서 한국어를 배우는 어린 아이들은 대상의 호칭과 그에 맞는 문장을 선택하는 규칙에 민감해야 한다. 한국어 화자가 상대에 대한 존칭에 대해 민감하지 않은 다른 언어 사회에서 활동할 때는 존대법 문제로 혼란을 경험할 수 있다. 반대로 한국인의 핏줄을 가진 사람이 자신의 모어가 영어일 경우, 한국어 사회에서 뜻하지 않은 오해를 받을 수도 있는 것이다. 어떤 언어는 철학적 사유에 대한 어휘나 표현을 발전시키고, 다른 언어는 자연물에 대한 믿음과 관련된 어휘나 표현을 발전시킨다. 어떤 명사는 한 개인에게 매우 친숙함으로 다가오고, 다른 명사는 그렇게 친근함을 주지 않는다. 한국어에서는 '푸르다'라는 말이 희망을 주는 반면, 영어의 'blue'는 우울한 감정을 표현한다. 한국어에 고유한 색채 어휘가 '빨강, 파랑, 노랑, 검정, 하양'과 같은 다섯 가지 표현을 가지는 반면 영어는 파랑을 'green'과 'blue'로 구별한다. '아리랑'과 같은 단어는 한국인에게 어떤 정서적 감흥을 주는 단어이지만, 다른 언어의 화자에게는 한국의 한 민요를 지칭하는 단어일 뿐이다. 하나의 언어를 습득한 사람에게 해당 언어가 주는 정서적이며, 지식적인 정체성은 생각보다 뿌리 깊이 각인되어 있다.

---

6 "first clearly laid down that the character and structure of a language expresses the inner life and knowledge of its speakers."(by Humboldt from Wiki).

2. 언어학과 언어문화

언어학은 본래 실용적 목적으로 시작되었다. 최초의 언어학자는 아마 최초로 문자를 만든 사람일 것이다. 지금으로부터 약 5천 년 전에 수메르 문자가 만들어지기 전에 대개의 문자는 개념을 형상화한 회화문자였다.[7] 그러나 회화문자는 본격적인 문자라고 할 수 없다. 그것들은 단순히 여러 가지 사건들을 형상화한 것에 불과하다. 물론 최초의 수메르 문자도 개념들이나 사람의 이름들을 회화적으로 표현한 것이기는 하지만, 이러한 기호들은 지속적으로 특정한 개념들에 일대일로 대응되기 때문에 문자의 지위를 갖는다. 즉, 문자가 되기 위해서는 언어가 가지는 분절성을 규칙적인 기호체계에 대응시켜야 한다.

언어를 특정한 시각적 문자로 대응한다는 개념이 시작되면서, 언어 자체에 대한 인식도 깊어졌다고 할 수 있다. 처음에는 개념적이고 의미적인 것들을 대응하다가 오늘날의 문자와 같이 언어음에 대응하는 식으로 문자의 발전은 천천히 그렇지만 의미 있게 이루어졌다. 초기의 문자들은 개념에 대응하는 방법으로부터 시작하였기 때문에 문자의 수에 제한이 없었다. 이러한 문자들을 개방형 문자라고 한다. 처음에는 하나의 개념에 하나의 기호를 대응하다가 해당 기호가 가지는 음

---

7 최초의 수메르 문자는 그림을 이용한 회화문자의 성격을 띠다가 진흙판에 쐐기 모양의 음절을 표시하는 설형문자로 발전하였다. 수메르인들은 이미 기원전 2천 7백 년경에 서사시 '길가메시'를 남길 정도로 정교한 문자 체계를 만들 수 있었다.

을 다른 단어에 사용하는 식으로 문자 체계가 발전하게 되었는데, 이를 표어문자logogram라고 부른다. 수메르의 설형문자cuneiform나 이집트의 신성문자hieroglyphs가 대표적인 표어문자이다. 표어문자의 고안은 먼저 분절된 언어음을 단어 형태에 대응시킬 수 있는 관찰을 수반해야 한다. 즉 표어문자의 분절기호는 특정 단어 혹은 그 단어와 같은 음을 가지는 다른 단어일 수 있다. 이러한 의미에서 당시 전문적인 필경사가 아니면 표어문자를 원활하게 사용하기 어려웠다.[8]

이집트 신성문자로 하나의 예를 들어보자. ⟨새⟩는 '새'를 의미하는 상형문자이다. 그런데 이는 'sA'와 같은 발음을 표기하는 음성기호이기도 하다. 그래서 유사한 발음의 '아들'이라는 단어를 표기하기도 한다. 이 때 모음의 차이는 무시되는 것이 보통이다. 이러한 문자 운용은 기본적으로 한 단어의 형태가 같거나 유사하다는 분절적 상태를 인식해야 한다. 신성문자에는 음소나 의미를 부가하는 지정사라는 특별한 표기가 존재한다. ⟨글자⟩는 세 음소로 된 단어로 'nfr'라는 발음을 가지며, '아름답다, 훌륭하다'와 같은 뜻을 가진다. 여기에 ⟨글자⟩를 이어서 표기하면 'nfrw'로 읽으며 되어 복수를 나타낸다. 다시 ⟨글자⟩와 같이 '젊거나 어린 사람'을 뜻하는 지정사를 붙이면 전체의 의미는 '젊은 사람들'이라는 뜻이 된다. 이때 지정사는 발음되지 않는다. 이와 같이 신성문자는 운용 원리가 복잡하기 때문에 이를 읽거나 쓸 수 있는 문해력literacy을 갖춘 필경사들이 이집트 사회의 엘리트가 될 수 있는 것은 당연하다.

---

[8] 이런 의미에서 표어문자의 고안자나 그 계승자인 필경사들은 현대의 언어학자들과 거의 같다고 볼 수 있다.

수메르 문명이 세계 최초의 문명이 된 것은 처음으로 체계적인 문자를 만들 수 있었기 때문이다. 그들은 또한 아카디아어와 수메르어의 이중언어사전도 만들었는데, 이는 그들의 언어 연구가 국제적 교류를 촉진할 만큼 발전했다는 증거다. 문자는 원래 공동체 생활의 복잡함을 제거하는 효율적인 방법으로 태어난 것이다. 초기의 문자 자료들이 주로 재산의 소유자가 누구이며 얼마나 많은 재산을 가지고 있는지를 가리고, 재산의 교환을 입증하는 것들이라는 사실에서도 이를 알 수 있다. 하나의 문명사회가 건설되면서 그동안 구전되어 오던 조상의 이야기들도 문자에 정착되면서 그 사회의 소중한 자산이 되었다. 수메르인들이 남긴 문장들 중 공감되는 일부 문장들이 기독교의 성경 간혹 남아있는 경우를 볼 수 있는데, 이는 수메르인들이 획득한 지혜가 문자를 통해 후대에까지 전해졌음을 말해 주는 것이다.

지금까지 알려진 가장 오래된 전승 신화는 기원전 18-17세기 고대 바빌로니아의 서사 자료인 '지우쑤드라Ziusudra'와 '아트라하시스Atrahasis' 서사시이다. 이 이야기들은 창세기 2장-8장까지의 모티프가 되는 인간창조, 에덴동산, 태초의 도시, 홍수 이야기들을 담고 있다. 이는 '에누마 엘리쉬Enuma Elish'와 같은 서사시로 이어졌다.[9] 성경의 잠언 경구가 고대 수메르나 바빌로니아 전승 자료에서 발견되는 이유도 여기에 있다. 아래 (1)의 예를 보면 바빌로니아 창조시 에누마 엘리쉬와 창세기의 초기 판본과의 유사성을 쉽게 알 수 있다.

---

9 에누마 엘리쉬는 기원전 1100년경 바빌로니아의 느브갓네살Nebuchadnezzar 1세의 절대 왕권을 옹호하기 위해 지어진 서사시이다.

(1) "그 때 위에 하늘이 이름 지어지지 않았고

　　밑에 마른 땅이 이름으로 불려지지 않았다."

(바빌로니아 창조시 〈에누마 엘리쉬〉 1장)

"엘로힘이 그 창공을 하늘이라 불렀다."

(Priest Codex 〈창세기〉 1장)

"엘로힘이 육지를 땅이라 부르고

　물이 모인 곳을 바다라고 불렀다."

(Priest Codex 〈창세기〉 1장)

(1)과 같은 유사성은 고대의 서사물들이 문자를 통해 일정한 모티프를 주고받았음을 의미하는 것이다. 이러한 점에서 언어의 연구는 고대의 문자 발명과 인근어들의 교섭의 역사 속에서 이미 잉태되었다고 할 수 있다.

그러나 언어 자체에 대한 본격적이고 독립적인 사유는 모든 서양 학문이 그러하듯이 고대 그리스로부터 시작되었다. 잘 알려져 있듯이 고대 그리스는 민주적 합의를 중시하는 토론 문화가 극도로 발달한 국가였다. 언변에 능한 사람들이 정책을 좌우했을 뿐 아니라 사소한 다툼들도 토론을 통해 해결하기를 즐겨했다. 이러한 사회 분위기 속에서 논리학이나 수사학이 발전하고 이의 도구가 되는 문법도 따라서 발전할 수 있었다.

최초의 언어학자라고 말할 수 있는 사람 역시 그리스 사람인 아리스토텔레스이다. 그는 문장을 명사onoma와 동사rehma로 구별하여 오늘날의 주어부와 술어부를 구별하는 단초를 제공하였다. 이후 고대 그리스에서는 품사론이 발달하여 로마에까지 이르렀으며, 그들의 연구는 라틴 문법을 중심으로 규범 문법을 정착하는 데까지 이르렀다. 이 당시 활동한 그리스의 시락스Dionysius Thrax(170~90 기원전)는 문법을 "시인과 산문 작가들의 일반적 용법에 대한 실제적 지식"이라고 하여 문법의 필요성을 역설하기도 하였다. 이른바 팔품사가 설정된 것도 그의 업적이다. 로마에서는 프리시안Priscianus Caesariensis(500년경 기원후)이 중세 시대에까지 영향을 끼친 라틴 문법을 집대성하기도 하였다.

그리스에서는 언어에 대한 사변적 생각들도 활발히 교류되어 이른바 유명론nomlanalism과 실재론realism이 대립되어 중세와 근대에 이르기까지 주요한 철학적 논쟁의 주제가 되었다. 유명론은 실재와 관계없이 언어 기호가 존재한다는 것이고, 실재론은 언어 기호가 존재하면 이에 상응하는 실재가 반드시 존재한다는 주장이다. 이러한 사변적 논쟁은 소쉬르Ferdinand de Saussure(1857~1913)가 모든 언어 기호는 실재와 대응되지 않는 별도의 기호 체계라고 선언하면서 현대 언어학에서 완전히 사라지게 되었다.

현대에서는 "언어에 대한 지식이 세상을 보는 방법을 결정한다."는 사피어-워프 가설Sapir-Whorf hypothesis을 바탕으로 언어가 언어공동체를 구성하는 사람들의 사유체계나 인지-심리 체계의 기반이 된다는 생각이 퍼지기도 하였다. 소쉬르로부터 비롯된 구조주의 언어학은 스키너Skinner의 행동주의 심리학과 맞물려 언어를 후천적 약속의 체계, 혹은 학습에 의해 습득된 자극에 대한 결과물이라는 인식을 심어주었다. 그러나 20세기 후반에 진입하면서 촘스키Noam Chomsky가 주장한 대로 인간의 언어는 인간만이 가지는 고유한 인지적 규칙 체계라는 선험주의 언어관이 기존의 경험주의 언어관을 완전히 압도하게 되었다. 선험주의 혹은 이성주의 언어관에 따르면 인간은 누구나 태어나면서 언어습득 기제인 보편문법을 가지고 태어나며, 태어날 때 접촉하는 언어를 무의식중에 배워서 자라는 가운데 그 언어 능력language faculty을 계속 성장시킨다는 것이다.

서양 언어학의 이러한 발전에 대해 동양의 언어학은 인도와 중국을 중심으로 서로 다른 학풍으로 발전해 왔다. 고대 인도에서는 일찍부터 언어에 대한 매우 해박한 지식을 발전시켰다. 기원전 5세기 경 인도의 언어학자 야스카Yāska는 명사, 동사, 접두사, 불변화사라는 네 품사를 확립하였고, 이는 기원전 4세기경의 파니니Pāṇini에 의해 계승되어 3,959개의 형태 규칙을 바탕으로 산스크리트어Sanskrit 문법을 집대성하게 되었다. 인도는 주로 베다와 같은 경전을 읽고 쓰기 위한 기술로서 언어학을 발전시켰기 때문에 그리스의 경우처럼 보편적인 언어학의 원천을 가지지는 못하였다. 그러나 그들의 지식은 19세기 영국의 인도 경략 과정에서 다시 빛을 발하여 계통론이나 구조주의 언어학의 모태가 되기도 하였다.

고대 중국에서는 후한의 허신許愼이 지은 「설문해자說文解字」와 같은 어원집이 출간되기도 하였다. 그러나 중국의 언어학은 음성·음운 이론인 성운학聲韻學으로 대표된다. 성운학은 기본적으로 한자의 음이 역사적으로 지역적으로 계속 변화하는 현실 속에서 한자음을 올바르게 표기하는 수단으로 시작된 학문이다. 수나라 때 육법언陸法言이 「절운切韻」(601년)을 지어 처음으로 한자음을 정리하였다. 「절운」은 다시 송나라 때 진팽년陳彭年과 구옹邱雍 등에 의해 「광운廣韻」(1008년)으로 개편되어 당시 한자음을 거의 완벽하게 정리할 수 있었다. 여기에 사용된 반절反切 개념은 한자음을 성聲과 운韻으로 구분하는 것으로 성운학이라는 이름의 시초가 되었다. 오늘날 상고 및 중고 한음 및 고대 한국어나 인근 동아시아의 고대 한자음을 비교할 수 있는 것도 「광운」의 편찬에 힘입은 바 크다.

고대 한국에서는 향찰鄕札을 제작하면서 중국 한자의 음과 훈을 한국어에 대응하는 실험이 있었다. 중세 시대에는 세종대왕에 의해 한글이 창제되면서 중국의 성운학을 뛰어넘는 혁신적인 음운이론이 탄생하기도 하였다. 세종은 한글을 창제하면서 당시 성운학 이론의 기반이 되는 반절법半切法을 초初·중中·종終 삼성 이론으로 혁신하여 음소문자인 한글을 창제하는 이론적 기반을 세울 수 있었다.

대체로 서양에서는 실용적 관점에서 문법론이 주류를 이루었으며, 동양에서는 한자음 정리 문제 등으로 음운 이론이 발전하였다. 이와 같이 동서양이 다른 방식으로 언어학을 발전시킨 것은 언어학을 도구로 하는 서로의 목적이 달랐기 때문이다. 동양은 주로 한나라 시대에 성립된 한자가 시대의 흐름과 광활한 지역에 따라 계속 그 음이 변하기 때문에 한자음을 정리하여 지역 사이의 의사소통을 원만히 하는 데 초점을 둔 반면, 서양은 주로 논리적으로 의사소통을 원만히 하고 국제어인 라틴어로 결속하는 데 초점을 두었다. 한문은 중국어가 고립어이기 때문에 특별히 문법을 전개할 필요가 없었지만 라틴어는 굴절어이기 때문에 문법을 체계화하고 정리하는 일을 중요하게 생각했다. 앞서 언급한 바와 같이 인도는 동양 문화에 속하지만 산스크리트어가 굴절어이기 때문에 중국 중심의 세계와는 달리 문법 기술의 체계화에도 많은 노력을 기울였다. 그뿐 아니라 산스크리트어는 종교적 의식에 소용되었기 때문에 과거의 발음을 고수하기 위한 음운론의 기술도 중요하게 생각하였다.

산스크리트어 문자 체계를 정리한 「싯담Siddhaṃ, 悉曇」은 고대 한자음의 가차假借에 사용되어 중국어의 외국어 표현에 사용되었을 뿐 아니라, 우리나라의 향찰 성립에 기여하기도 하였다. 또한 인도의 유명한 문법학자 파니니는 「아쉬타드야이이Ashtadhyayi」라는 문법책을 통해 산스크리트어의 중요한 문법적 사실들을 기록하였으며, 이 문법책은 후일 20세기 언어학 발전의 근간이 되기도 하였다. 그러나 많은 부분 우리가 지금 연구하는 문법의 체계는 그리스의 아리스토텔레스로부터 시작된 것이다. 이는 그들이 문법을 단순한 도구로 여기지 않고 이성적인 관점에서 풀어야할 과학의 대상으로 생각했기 때문이다.

2장
한국어의 기원과 형성

한국어의 역사와 문화

1. 한국어의 기원

언어의 기원에 대한 물음은 다소 막연한 점이 있다. 현재의 언어는 어쨌든 역사적 산물임에는 틀림없다. 그러나 그 역사의 처음이 어디라고 말하기는 곤란한 점이 있다. 어떤 언어든지 공통된 조상 언어를 가지고 있으며, 그 조상 언어는 분명히 단순한 하나의 언어 상태이었을 것이다. 이 언어가 계기적으로 분지하면서 현재와 같은 다양성을 갖추게 되었다는 추론은 단순하다.

역사의 어떤 시점에서 분지된 언어들 중에는 현재의 개별 언어들과 거의 같은 면모를 갖추게 되었다는 점도 충분히 상상할 수 있다. 그러나 그러한 언어적 상태 이전의 언어와 현재 언어의 상관관계도 분명히 존재했을 것이다. 이러한 점에서 언어의 기원은 현재 언어의 면모를 갖춘 시점의 전후, 혹은 현재 언어와 유사한 언어들의 계기적 관계를 모두 만족스럽게 설명하는 것이어야 할 것이다.

그러나 불행하게도 우리는 이에 대한 답변을 충분히 제공할 수 없다. 그것은 현재의 언어 상태 이전을 추론할 수 있는 근거들이 너무 빈약하기 때문이다. 그래서 언어의 기원을 다루는 문제는 현재의 언어와 유사한 언어들의 계통적 관계를 증명하는 서술과 현재의 언어 상태의 직접적인 조상 언어의 최초 상태에 대한 서술 두 가지를 나누어 살펴게 된다.[1] 이 중에서 언어의 계통을 다루는 연구는 언어에 대한 엄밀한 논증을 제안하는 최초의 이론이 되었다. 이를 통해 우리는 현재 언어의 다양성은 유사한 언어들의 공통 조어로부터 기인하였다는 사실을 확신할 수 있다.

언어의 계통적 연구는 1800년경 영국의 존스William Jones로 비롯되었다. 그는 고대 인도의 사어인 산스크리트어가 그리스어나 라틴어, 영어 등의 고형과 유사한 점을 발견하였다. 이 발견은 앞서 언급한 바와 같이 파니니의 문법책에 산스크리트어의 고형이 고스란히 남아있었기 때문에 가능했다. 이로써 인도어와 유럽의 언어들이 공통의 조어로부터 분기된 동족의 언어라는 사실을 이론적으로 설명할 수 있게 된 것이다. 이를 통해 '인도유럽어족'이라는 거대 어족이 설정되었으며, 이를 따라 유사성을 보이는 여타의 언어들도 하나의 어족으로 묶는 연구가 진행되었다. 이러한 연구를 언어 계통론이라고 한다.

여기서 동족어란 공통의 조상 언어로부터 분지된 언어들을 가리킨다. 특정한 언어들이 동족어가 되기 위해서는 무엇보다 이 언어들이 기초어휘를 공유해야 한다. 더 나아가 각 언어 사이에는 서로의 단어들을 차용하지 않았음을 의미하는 체계적인 음운대응 규칙이 존재해야 한다. 여기에 하나의 동족어를 이루는 언어들은 그 유형이 같다.

언어의 유형은 크게 교착어, 굴절어, 고립어, 포합어 등으로 나눌 수 있다. 교착어는 한국어나 일본어처럼 어간에 접사가 연속적으로 부착되는 언어들을 말한다. 이때 어간의 형태는 거의 변하지 않는다. 이에

---

1 여기서 계통적 관계란 생물학적 관점의 계통수 이론에서 의미하는 것과 전적으로 일치한다. 즉 계통이란 현재의 다양성으로 분지되는 과정을 나뭇가지의 분지에 비유하여 설명하는 것을 말한다. 이러한 관점에서 모든 언어는 하나의 조상 언어로 귀결된다.

대해 굴절어는 영어나 프랑스어처럼 접사 부착에 의해 어간과 접사가 융합되어 하나의 단어 형태로 실현된다. 고립어는 중국어 등과 같이 문법적 접사들이 발달하지 않아 단어의 나열만으로 문장을 실현하는 언어를 말한다. 이러한 언어들을 특히 분석어analytic language라고 한다. 영어는 다른 굴절 언어들처럼 종합어synthetic language였는데 현재는 분석어의 성격을 많이 띠고 있다. 마지막으로 포합어는 아메리칸 인디언들의 말들과 같이 단어와 문장이 잘 구별되지 않는 언어를 말한다.

그러나 이러한 유형론은 언어마다 특징적일 수 있기 때문에 하나의 언어가 꼭 한 유형적 특성만을 보이는 것은 아니다. 예를 들어 영어와 같은 언어는 거의 분석어가 되었기 때문에 고립어의 특성을 보인다. 한국어의 동사 어간은 어미와 분리되는 단어로 출현하는 일이 없으므로 굴절의 특성을 보이기도 한다. 그렇지만 큰 범주로 보면 한 동족어의 후보가 되려면 먼저 유형적 공통성을 가져야 함은 물론이다. 여기에 어순을 비롯한 문법 규칙이나 단어형성규칙, 음운 규칙에서 많은 공통성을 보이는 언어들은 그 정도에 따라 동족어로서의 친근성을 따지게 된다.

두 언어가 한 계통에서 출발했음을 증명하는 방법은 대개 기초어휘(수를 세는 것과 같은 일상생활 용어)의 공유와 음운대응 규칙의 발견이다. 기초어휘의 공유는 두 언어가 초기의 발전 단계에서 공통의 언어생활을 영위하였음을 의미한다. 그러나 어떤 경우에는 이러한 기초어휘조차 차용되는 경우가 있으므로 두 단어 사이의 음운대응규칙을 따져봐야 한다. 영어의 수사 one, two는 독일어에서는 ein, zwei, 불어에서는 une, deux와 형태가 유사하다. 그런데 영어에서 쌍둥이를 뜻하는 twin은 독일어에서는 zwillinge, 불어에서는 jumeau이다. 불어의 /ju/가 구개음화된 것을 감안하면, 수사의 음운대응이 쌍둥이라는 단어에도 그대로 적용되어 세 언어 사이에 /t:z:d/의 음운대응이 존재함을 알 수 있다.

이러한 음운대응은 여타의 단어들에서도 찾아볼 수 있다. '건초'를 의미하는 이탈리아어는 fieno인데, 같은 뜻의 스페인어는 heno이다. '아들'을 뜻하는 이탈리아어는 figilio인데 이에 대응하는 스페인어는 hijo이다. 여기서 어두음에서 이탈리아어는 스페인어와 /f:h/의 음운 대응 관계가 있음을 알 수 있다.[2] 이러한 음운 대응은 하나의 조상 언어에서 갈라지면서 각 언어들이 체계적으로 음운 변화를 겪었기 때문에 생긴 현상이다.

이에 반해 한국어에서 '셋'을 의미하는 '삼'은 중국어의 '싼'과 발음이 비슷하지만 다른 단어들에서 이러한 대응을 발견할 수 없으므로 단순한 차용관계로 두 언어는 동족어로 묶을 수 없다. 이와 같이 기초어휘의 공유와 음운대응규칙의 존재는 몇 언어들을 동족어로 묶는 가장 기본적인 관찰 대상임을 알 수 있다. 그렇다면 한국어와 계통을 같이 하는 동족어들로는 어떤 언어들이 있을까?

일반적으로 한국어는 몽골어, 퉁구스어, 만주어와 같이 알타이어에 속하는 것으로 알려져 있다. 물론 학자들 중에는 알타이어가 과연 하나의 어족으로 묶일 수 있는지에 대해 회의적인 사람들도 있다. 그러나 이 같은 관점을 유지하면 알타이어를 구성하는 언어들은 서로 고립

---

2 이 예들은 Lehmann(1984:12)에서 가지고 왔다.

된 존재라는 결론에 이르게 된다. 이러한 결론은 계통론 연구의 근간에 심각한 위협이 된다. 왜냐하면, 계통론은 진화론이라는 생물학적 연구 태도로부터 비롯된 것이기 때문에 모든 언어는 궁극적으로 하나의 어족이라는 계통수(즉 각 언어로 분기되는 계통의 나무)를 구성해야 하기 때문이다. 따라서 알타이어족설 자체를 부정하는 것보다는 이 언어들이 왜 인도유럽어와 달리 기초어휘나 음운의 대응이 규칙적으로 나타나지 않는 이유를 설명하는데 주력해야 할 것이다.

사실 한국어와 가장 비슷한 언어는 일본어이다. 그런데 일본어를 알타이어의 하나로 생각하는 사람은 거의 없다. 이는 한국어가 알타이어 가운데에서도 가장 이질적인 언어이고, 일본어는 한국어가 적어도 3차례에 걸쳐 일본으로 유입되어 성립된 언어이기 때문일 가능성이 높다. 한국어나 일본어 모두 기층에 비알타이적 요소를 가지고 있다는 점도 한 이유가 될 수 있다. 그러나 이러한 관점은 모든 알타이어족 언어들에 있어서도 마찬가지로 적용할 수 있다. 어떤 면에서는 한국어와 일본어의 공통성과 차이점을 보다 체계적으로 논하는 것이 알타이어족설을 풍부하게 만드는 한 방법일 것이다.

한국어와 일본어는 고대 초기부터 접촉이 빈번하였기 때문에 계통을 같이 하는 단어들과 차용어 사이의 구분이 쉽지 않을 뿐더러 비교 대상이 되는 단어들의 수 자체가 적다. 따라서 몇 어휘의 대응으로 두 언어가 하나의 계통이라고 주장하기는 힘들다. 그렇지만 앞에서 언급한 바와 같이 어떤 언어들이 하나의 계통을 이루는 어족을 구성한다는 계통론 자체의 연구 목표를 상기해 본다면 한 언어와 유사한 특성을 공유하는 인근 언어들은 일단 그 유사성을 강조하는 방향으로 연구해야 할 것이다. 한국어와 일본어는 특히 고대사에 관련된 문제에 대해서 양국의 학자들 사이에 많은 간극이 존재한다. 밀러Miller의 주장대로 두 언어의 기원이나 계통을 논하는 데는 한국인과 일본인 사이에 존재하는 역사 인식의 불균형, 특히 일본 학자들의 언어의 기원과 민족의 기원을 동일시하는 편협한 태도는 객관적 연구를 저해하는 것이다.

최근 들어 이러한 간극들의 범위가 좁혀지기는 했지만 한국어와 일본어의 동계설을 적극 주장하는 것은 아직도 조심스러운 일이다. 물론 고구려 지명에 나오는 몇 개의 수사, 즉 '셋, 다섯, 일곱, 열'을 의미하는 '密, 于次, 難隱, 德'이 각각 일본어의 'mi, itu, nana, töwo' 등과 대응되며, 이 어휘들이 중세한국어의 수사와 대응되지 않는다는 사실로부터 고구려와 고대 일본어의 동계설이 주장되기도 하였다. 그러나 이러한 대응은 앞서 언급하였듯이 계통론적인 방법론으로 입증된 것은 아니다. 특히 '열'에 대한 '德(클 덕)'은 '걸>열'로 해석될 여지가 있다. 또한 고대 삼국 지명의 다수는 서로 공통성이 존재할 뿐 아니라 이러한 단어들은 대부분 중세한국어와 맞닿아 있다. 이러한 이유로 몇몇 예들에 한정하여 원시 한국어의 일부 계열과 일본어가 초기부터 독립된 어군을 구성했다는 가설은 단지 가설에 머물러 있는 수준이라고 보아야 할 것이다.

한국어가 다른 알타이어들과 다르게 된 원인으로 언어 기층설을 제기하는 사람들이 있다. 한국어는 알타이어와 계통이 다른 고아시아어의 기층을 가지고 있다는 것인데, 특히 길리야크어 단어들과의 공통성이 주목을 받고 있다. '길다'를 의미하는 길리야크어 'kyl(-d)'과 중세한국어 '길'의 대응이나 '칼'을 의미하는 길리야크어 'qʼal'과 중세한국어 '갈'의 대응 등을 의미 있게 다루는 태도 등이 그러하다. 그러나 계통론의 초기에 한국어를 인도유럽어의 몇 언어 혹은 드라비다어와 같은 언어의 친연성도 주장한 경우를 상기해 보면 몇몇 어휘의 대응으로 원시 한국어가 특정 언어들의 기층을 가지고 있다고 속단하기 힘든 점이 있다.[3]

한국어의 몇몇 단어들은 아주 오래된 언어인 수메르어나 셈계 언어인 아람어와도 대응이 가능하다. 아람어에서 '아버지'를 뜻하는 'abba'를 찾을 수 있고, 수메르어에서 '땅'이나 '나라' 등을 뜻하는 'kúr'는 '성'을 뜻하는 고구려어 '溝漊'와 대응될 수도 있다. 이러한 대응들이 단순히 우연의 결과인 것인가에 대해서는 생각해 볼 여지가 있다. 어떻게 보면 거의 모든 언어들은 서로 유사한 단어들을 조금씩은 가지고 있는 것도 사실이다.

발Ball의 경우 중국어와 수메르어 단어들의 유사성을 수 백 개 이상 대응시키고 있다. 예를 들어 수메르어에서 '굴'을 의미하는 단어는 'gur'인데 이는 중국어의 '窟(kur)' 혹은 '穴(<gut)'과 유사하다. 또한 두 언어는 단어의 유사성뿐 아니라 초기 문자 형태의 유사성도 관찰된다. 수메르 초기 문자에서 '산'을 뜻하는 ' △△ '은 한자의 '△△ >山과' 유사하고, '비'를 뜻하는 '𥁕'은 '𥁕 >雨>雨'와 유사하다는 점을 알 수 있다.

---

3 한국어의 '불'을 그리스어의 pūr와 비교하고, 고대한국어에서 '마을'을 의미하는 *puri를 드라비다어의 palli와 비교하는 태도가 이에 해당한다. 그러나 이런 것들은 우연한 것이거나 드라비다어의 해당 단어가 산스크리트어의 해당 단어를 차용한 결과임을 간과한 것이다. 이러한 주장과 길리야크어, 그리스어, 드라비다어의 예들은 김방한(1983:128, 130, 131, 45, 47)에 의한 것이다.

　이제까지의 계통론은 문법의 유사성이나 음운대응과 같은 실증적 연구를 중심으로 전개되었다. 계통론의 과제는 세상의 모든 언어가 몇몇 개의 어족에 속하고, 또 이 어족들은 궁극적으로 더 상위의 공통 조어에 속함을 증명하는 것이었다. 그러나 현재의 자료와 방법·이론만으로는 이러한 문제들을 말끔하게 해결할 수 있는 방법이 없다. 현재 인도유럽어족을 제외하고는 고대의 자료들이 풍부하게 남아있는 경우가 거의 없기 때문이다. 게다가 현재 남아 있는 소수의 언어들조차 주변의 큰 언어들에게 잠식당하여 옛 언어의 모습을 간직하기 어려운 경우가 많기 때문에 계통론의 엄격한 방법론만으로는 모든 언어들 사이의 유사성 및 공통 조어로부터의 분지 과정을 만족스럽게 설명하기 어렵다.

　한국어가 동계 언어로 짐작되는 몇 언어들과 유사성을 보이는 것은 당연한 일이다. 그러나 한국어에는 중국어와 같이 계통적으로나 유형적으로 다른 언어와의 유사성도 발견된다. 이러한 유사성은 두 언어 사이의 오랜 교섭의 결과로 보인다. 예를 들어 중국어의 수관형사 표현이나 중국어 보어 표현 등이 그러하다. 중국어의 수관형사는 '한 권의 책'과 같이 '一卷書'로 표현하며 복합방향보어 중 하나인 '下去'는 '내려가다'와 대응하기 때문이다. 이러한 예들은 모든 언어들이 계통과 유형에 관계없이 어떤 유사성을 보일 수 있다는 것을 말해준다.

　이러한 유사성을 설명하는 데는 이제까지 계통론이 내세운 다기원설보다는 최근의 '유전자적 이브'의 존재로 알게 된 인류의 단기원설이 기반 이론으로 작용할 수 있다. '유전자적 이브'란 최근 유전공학의 발전으로 현재의 모든 인류가 아프리카로부터 유래한 한 개의 여성 미토콘드리아 유전자를 공유하고 있다는 연구 결과에 기반하고 있다. 이 학설은 현생인류인 크로마뇽인은 역사의 어느 순간에 언어적 존재로 도약하였다는 것을 지지해 준다. 이러한 점에서 말하는 인간으로서 호모 사피엔스는 그들의 오랜 여정을 시작한 아프리카 대륙에 머물러 있던 기간에는 비교적 단일한 언어를 사용하고 있었다고 가정할 수 있다. 여러 언어들이 비체계적이기는 하나 어떤 유사성을 보이는 것은 인간 기원의 생물학적 요인에 근거하고 있다고 보는 것이다. 그렇다면 앞으로의 계통론은 어족을 묶는 방법에서 여러 언어들의 이런 저런 유사성을 역사적으로 탐구하는 학문으로 발전하기 위한 새로운 방법론을 모색해야 할 것이다.

결론적으로 한국어의 기원은 한국어의 면모를 갖기 이전에는 인근 알타이어와 유사한 언어, 즉 알타이어 공통 조어로부터 찾아야 할 것이다. 그것은 한국어가 여러 알타이어들과 가장 유사성을 보이기 때문이다. 한국어와 알타이어의 유형적 유사성은 이미 설파된 바가 많다. 이를 요약하면 다음과 같다. 첫째는 알타이어들은 모두 교착어이다. 둘째는 주어, 목적어, 술어의 순으로 문장을 배열한다. 셋째는 전통적으로 모음조화를 유발하는 모음 체계를 가지고 있었다. 넷째는 어두자음군이 존재하지 않으며, 두음으로 유음을 사용하는 경우가 거의 없다.[4] 다섯째는 관계사나 접속사가 없다. 여섯째는 명사에 성이나 수가 존재하지 않는다. 일곱째는 모음 교체나 자음 교체가 문법적인 기능을 가지지 않는다.

---

4 한자어의 차용 결과 일부 단어들은 유음으로 발음되거나 표기해야 한다는 의견도 있다.

이러한 일곱 가지 특성은 여러 알타이어에 두루 나타나는 특징이다. 특히 고대 한국어의 자료인 향찰 자료를 살펴보면 격 표시 면에서 여러 알타이어와의 유사성을 강조할 수 있다. 영형태 주격을 주로 사용하는 점이나, '肹'이나 '希'와 같이 대격이나 속격의 소급형을 일부 알타이어와 대응시킬 수 있다는 점을 예로 들 수 있다.

2. 한국어의 형성

　한국어의 성립은 우리 조상이 알타이 산맥을 넘어 한반도에 정착한 시점으로 보아야 할 것이다. 최초의 국가로 알려진 고조선은 우리에게 '아사달阿斯達'이라는 가장 오래된 우리말을 남겨주었다. 여기서 '아사달'은 한자를 음을 빌어 표시한 것으로 '아사'는 현대한국어의 '아침'과 바로 연결되는 단어이며 일본어의 '아사あさ(朝)'와도 같다. '달'은 '산'을 의미하는 고구려어와 대응되므로 '아사달'은 아침의 산이라는 의미로 '조선朝鮮'이라는 뜻풀이 이름에 대해 음성 형식을 그대로 적은 표기라고 할 수 있다. 고조선의 국명 하나로 고조선어가 현재의 우리말의 직접적인 조상어가 된다고 할 수는 없으나, 고조선이 한국어가 형성되는 초기에 참여한 부족국가임을 가정해 볼 수는 있겠다. 고조선은 역사적으로 각종 사서에서 우리 민족 최초의 국가로 역사적으로 인식되어 왔다는 점도 고조선어가 현대한국어의 직접적 조상 언어가 될 수 있음을 시사한다.

　한국어가 형성될 당시의 언어 자료는 거의 남은 것이 없으나 각종 중국의 사서에는 한반도를 중심으로 하는 종족을 '濊貊'과 '韓'을 중심으로 서술하였다. 이중 '예맥'에서 각각 앞의 부수(漢字部首)를 빼면 '새, 백'이 되는데, 이는 현대한국어의 '새롭다'의 '새'와 '밝다'의 '밝'에 대응시킬 수 있다. '한'은 '크다'를 의미한 역사적인 한국어로 현대의 국호인 대한민국의 '한'과 직접 대응된다. 이러한 점을 고려할 때 '예맥'과 '한'은 현대 우리말의 직접 조상 단어들이라고 할 수 있다. 그렇다면 한반도 북반부를 지배하였던 예맥족과 남반부를 지배한 한족은 원래 그 뿌리가 같다는 점도 추론해 볼 수 있겠다.

한반도 북부 지방에는 여진과 말갈의 전신인 '肅愼'이라는 종족이 있었는데, 여기서 '肅'은 '무섭다'라는 뜻을 가진 단어이다. 이는 아마 당시 중국인에게 숙신족이 공포의 대상이었기 때문에 붙여진 명칭인 듯하다. 그런데 그 후신인 '말갈'은 '勿吉' 혹은 '靺鞨'을 음차로 보면 '맑다'라고 하는 현대 한국어와 연결시킬 수 있다. '肅'의 뜻에는 '맑다'의 의미도 가지고 있기 때문에 '肅愼'과 '말갈'의 연관성은 더 강조될 수 있다.

이러한 하나의 사례로만 숙신이나 말갈이 우리 민족과 관련이 있다고 하기는 힘들다. 더구나 중국 사서에서 숙신의 전신인 '읍루'에 대하여 "그 언어가 부여와 고구려와 같지 않다."라고 한 점을 보면 이 종족들을 우리 민족과 관련시키는 일을 아무래도 어려울 것 같다. 그러나 한국어가 형성되는 초기에 종족이나 언어의 기원을 같이 하는 여러 부족들이 서로 교섭하면서 종족적 합종을 거듭하였다는 것을 상상하기란 어려운 일이 아니다. 이후 북부에는 예맥을 계승한 부여가 남부에는 한의 일족인 삼한이 성립되면서 본격적인 한국어가 형성되었을 것이다.[5]

중국의 사서 「삼국지」(289년경) 위지 동이전에는 예맥과 부여, 그리고 고구려가 하나의 종족적 결속을 가지고 있음을 보여주는 기록들

---

[5] 여기서 북부는 단지 한반도에 국한된 표현이 아니다. 여러 사실(史實)로 볼 때 당시 우리 민족은 대륙의 요동까지 주 근거지로 삼고 있었다.

이 존재한다. 즉 '예'에 대해서는 "그 노인들이 예부터 스스로를 고구려와 동족이라고 하였으며... 언어법속은 대개 고구려와 같지만 의복은 다른 점이 있다.", 또 동옥저에 대해서는 "그 언어는 크게 보면 고구려와 같으나 때때로 작은 차이가 있다.", 그리고 고구려에 대해서는 "동이의 옛날 말에 고구려는 부여에서 나온 종족으로 언어 및 제반 일들이 많은 부분 부여와 같다."고 기록한 점들을 보면 '예맥'과 이를 계승한 '부여'와 '옥저', '고구려'가 언어 면에서 상당한 부분 같았다는 점을 알 수 있다. 이로써 한반도 북부를 배경으로 한 우리 조상은 이미 종족으로나 언어적으로 거의 통합되어 있음을 추측해 볼 수 있다.

그러나 한반도 남부의 문제는 그리 쉽지 않다. 한반도 남부에는 마한, 진한, 변한의 삼한이 부족국가로 성장했다는 것은 기록에서 확인할 수 있지만, 이들이 과연 얼마나 강한 언어적 결속을 가졌는지는 구체적인 증언이 없기 때문이다. 「삼국지」에는 '진한'이 '마한'의 동쪽에 있었으며, 옛날 '秦'의 노역을 피하여 온 사람들이 살았는데, 그 언어가 마한과 다르다고 하였다. 이 기록을 두고 삼한의 언어가 서로 달랐음을 주장하는 경우도 있었다. 그러나 이 기록은 마한에 살던 일부 중국인들에 대한 것으로 보는 것이 일반적이다. 「삼국지」에서는 '변한'과 '진한'에 대해서 "변진은 변한과 더불어 살았고 또 성곽이 있으며, 의복과 거처가 진한과 같을 뿐 아니라 언어와 법속도 비슷한 점이 있다."고 하였다. 따라서 한반도 남부의 삼한 역시 종족으로나 언어적으로 통합되어 있었다고 할 수 있다.

「삼국지」를 중심으로 한 이상의 서술들을 종합해 보면 한반도 북부 언어를 대표하는 부여어와 고구려어가 비슷하고, 남부 언어인 '한'계

언어들도 서로 비슷하였음을 알 수 있다. 다만 북부언어와 남부 언어가 서로 비슷한 점에 대해서는 구체적 기록이 없어 안타까울 뿐이다. 그러나 「양서」를 보면 백제의 언어와 복장은 대략 고구려와 같고, 신라인은 백제인을 통하여 중국인과 통역할 수 있었다고 하였다. 이를 미루어 보면 북부 언어와 남부 언어도 그리 큰 차이가 있었다고는 보기 힘들다.

백제를 건국한 온조가 북부 고구려로부터 남하하였다는 사실에 근거하여 백제어에는 지배층의 북부 언어와 기층의 남부 언어가 공존하였다는 주장도 있다. 「주서」에 "백제의 왕성은 부여씨인데 호는 '어라하'라고 하고, 백성들은 왕을 '건길지'라고 불렀다."라는 기록이 이를 방증한다는 것이다. 그렇지만 이 기록에서 '어라於羅'는 왕을 뜻하는 고어인 /*kïr>ər/로 보아야 한다. 왕을 뜻하는 차자들로 '其, 箕, 皆, 渠' 등이 있으며, 이는 '건길지'의 '吉'과 대응되기 때문에 말음에 /r/을 가지고 있었다고 보아야 하기 때문이다.[6] 이때 '皆'가 '왕'으로 해석되는 예는 '王逢縣 一云 皆伯'에서 보듯이 고구려어의 흔적이다. 따라서 백성들이 왕을 '건길지'로 부르는 것을 남부 언어의 예로 보는 것은 온당치 않다.

이에 비해 '하瑕'는 남부 언어를 대표하는 '한'과 대응되는 것이다. '건길지鞬吉支'의 '길吉'이 왕을 의미하는 차자임은 앞서 설명한 바와 같다. 이때 '건'은 '크다'라는 의미의 고어이고 '지'는 존칭접미사이다. 즉 '어라하'나 '건길지' 모두 한 언어의 표현임에 틀림없다. 따라서 '어라

---

6 당시 차자표기에서 말음 /r/은 수의적으로 표시되었다.

하'와 '건길지'는 한 대상을 표현하는 다른 단어로 보아야 한다.[7] '한'이 높은 관직명이나 왕을 뜻하는 단어임은 고구려어 '상가相加'의 '가'가 고조선어인 '相韓'과 통하고 신라어의 '角干'과 통한다는 점에서, 고구려어와 신라어 모두 고조선어로부터 일정한 단어들을 물려받았음을 알 수 있다.

고대한국어는 고조선으로부터 시작하여 크게 북부 언어와 남부 언어로 발전하였다고 할 수 있다. 두 계열의 차이가 계통론적 의미의 언어 차이인지는 확실하지 않다. 그러나 이들이 어휘적 공통점을 보여 주고 있는 것은 사실이다. 게다가 당시의 중국 사서를 참조하면 이들의 동질성은 더 강조된다. 이와 같이 성립된 원시 한국어는 이제 삼국시대를 통하여 본격적인 한국어를 형성하게 된다. 이 중심에 서 있는 나라들은 고구려, 신라, 백제이다.

---

7 나중에 다시 언급하겠지만 고대한국어에서 한자를 사용하여 명사를 표시할 때는 모음과 말음의 교체는 극히 수의적이다.

3. 한국어사의 시대구분

언어의 역사를 연구할 때 시대구분은 연구의 향방을 가르는 중요한 변수이다. 모든 언어의 역사는 저마다의 시대구분을 통해 연구하게 된다. 언어는 시간에 따라 변하게 마련이다. 이 변화는 물리적으로 연속선 위에 놓이게 된다. 이러한 언어의 역사적 변화를 불연속적으로 구분하는 것이 언어의 시대구분이다. 이와 같이 언어를 역사적으로 관찰하는 것을 통시적 연구라고 한다. 이때 언어의 통시태는 인위적인 불연속체로 설명된다. 즉 통시태는 특정 시대의 언어 상태인 공시태를 쌓아놓은 형식이다. 이런 점에서 통시태의 관찰은 불연속적인 공시태를 계기적 관점에서 궁구하는 일이 된다.

언어의 각 공시태는 어떻게 확인되는가? 현대의 언어라면 우리가 직접 사용하는 언어 자료들을 살펴보면 되지만, 과거의 언어 상태는 각 시대가 남긴 언어 자료들을 통해 간접적으로 추론하는 방법밖에 없다. 따라서 시대구분은 역사적 자료들의 동질성을 중심으로 구분되어야 하며, 이로써 추론되는 언어적 상태는 공시태로 관찰되므로 가능한 균질해야 한다. 한국어사의 시대구분도 대개 이러한 방법을 취하게 된다.

한국어의 공시태를 제대로 보여주는 것은 훈민정음 창제 이후의 자료들이다. 그 이전에는 주로 차자표기인 향찰에 의존한 표기를 보여주기 때문에 당시의 상황을 객관화하기 힘든 점이 있다. 이런 점에서 훈민정음 이전의 자료들은 회고적 방법으로 연구할 수밖에 없다. 반면에 훈민정음 이후의 자료들은 전망적 혹은 기술적 방법으로 연구할 수 있다.[8]

한국어의 역사는 전망적 방법과 회고적 방법을 가르는 훈민정음 창제를 기준으로 나누어서 살펴야 하는 이유가 여기에 있다. 이 시기를 전후하여 자료의 성격이 판이하게 달라지며, 이에 따른 방법론도 달라지기 때문이다. 이러한 이유로 훈민정음 이후를 중세한국어와 근대한국어 및 현대한국어로 나누고, 훈민정음 창제 이전을 전기 고대한국어와 후기 고대한국어로 나누는 구분법이 의미 있는 것이다.

고대한국어를 전기와 후기로 나누는 것은 매우 힘든 문제이다. 왜냐하면 대부분의 전기 자료들은 「삼국사기」(1145), 「삼국유사」(1285), 「균여전」(1075) 등과 같이 이미 고려시대에 들어 성립된 것들이기 때문이다. 삼국시대의 직접적인 자료는 〈임신서기석〉(552 혹은 612), 〈남산신성비〉(591), 〈상원사종명〉(725), 〈무진사종명〉(745) 등 언어의 편린만을 볼 수 있는 신라의 금석문들에 거의 한정되어 있다. 이 외에 10세기에서 13세기에 기록된 역독구결 자료들이 있는데, 유명한 것으로 「구역인왕경」(13세기 중엽), 「유가사지론」(13세기 후반) 등이 있다. 이들도 전기 고대한국어를 추론할 수 있는 자료라고 할 수 있다. 물론 13세기에 성립된 구결 자료들은 후기 고대한국어 시대의 소산이나, 자료의 의고성에 비추어 전기 자료에 편입하여 연구하는 것이 좋을 것이다.

---

8 전망적 방법은 시간의 흐름에 따라 현재로 내려오는 방법을 의미하고, 회고적 방법은 시간의 흐름을 거슬러 올라가는 방법을 의미한다(박병채 1989:19).

후기 고대한국어의 자료로는 중국인이 기사한 「계림유사」(1103) 및 우리가 기사한 「향약구급방」(1236) 등을 들 수 있다. 따라서 고대한국어의 전기와 후기를 가름하는 자료로 「계림유사」의 성립을 드는 것은 자료의 성격상 「계림유사」가 후기 고대한국어의 상태를 직접적으로 보여주기 때문이다. 그러나 이러한 시대 구분이 의미를 가지기 위해서는 언어적 증거가 뒷받침 되어야 한다. 대체로 전기에서 후기로 이행하면서 격음 및 경음이 점진적으로 생성된 것으로 보인다. 자음이 삼지적 상관속을 형성하지 못하는 것은 고대한국어의 전형적 특징이라고 할 수 있다.

전기 고대한국어에는 오직 평음만이 존재하였다. 고구려 시조 '주몽'이 '朱蒙, 中牟, 鄒牟' 등으로 표기된 것을 보면 'ㅈ'과 'ㅊ' 사이에 넘나듦이 있었음을 알 수 있다. 또한 존칭을 뜻하는 '次'와 '支'의 표기가 혼용된 사실도 이를 뒷받침한다. 신라의 '居柒夫'에서 '柒'의 존재로 고대한국어에 격음이 존재하였다는 입장도 있으나, 당시의 차자표기의 혼용 사례로 볼 때 중세한국어의 '거칠'은 고대한국어에서는 '*거질'로 보아야 할 것이다. 이 외에 문법적으로 중세한국어에는 발달하지 않은 동명사형이 고대한국어에서는 자주 발견된다. 이는 역독구결에서도 그 잔재가 남아있기 때문에 동명사형의 존재가 고대한국어의 특징 중 하나라고 해도 무방하다. 또한 향가 자료들을 보면 특히 주격이 영형태로 나타날 뿐 아니라, 목적어에는 주제화조사 '은'이 사용된 흔적이 없다. 대체로 전기 자료들을 보면 여러 알타이어와 더 친근하다는 것을 직감할 수 있다.

후기 고대한국어를 설정하는 한 방법으로 고려의 성립을 드는 경우가 있다. 이는 오랜 시간 한반도 남동부를 중심으로 한 신라의 언어가 고려의 성립으로 중부 방언을 중심으로 발전하였을 것이라는 가정에 의존한다. 이러한 가정도 의미 있는 것이지만, 이를 통하여 언어가 어떤 모습으로 변모했는지를 보여주는 자료는 찾아보기 힘들다. 물론 고려로부터 현대한국어에 이르기까지 한반도 중부 방언이 중심이 되어 발전하였다고 가정하는 것 자체가 무의미하다고 볼 수는 없다. 그러나 하나의 공시태를 지정할 수 있는 자료의 동질성과 문법적 특질들이 뒷받침될 때 정확한 시대 구분이 가능하다는 점은 분명하다.

중세한국어는 훈민정음 창제 이후의 자료들에서 명확하게 나타난다. 중세한국어는 이미 현대한국어가 가지고 있는 많은 문법적 요소들을 가지고 있었을 뿐 아니라, 평음과 경음, 격음의 삼지적 상관속을 형성하는 음운 체계도 확립되어 있었다. 다만 근대한국어와 다른 점은 '아래아'로 불리는 모음 'ㆍ'의 존재와 순경음 'ㅸ'이나 후두폐쇄음인 'ㆆ'의 존재들이다. '아래아'를 제외한 다른 음들이 당시 음운 체계에 속하는지에 대해서는 아직 논란의 여지들이 많지만, 'ㆍ'가 근대한국어에서 소실됨으로써 이른바 '모음추이'가 일어나 한국어의 음운 체계에 커다란 변동을 일으킨 점은 두말할 나위가 없다.

문법적으로는 이른바 삽입모음의 기능이 사라졌다는 사실을 들 수있다. 삽입모음의 기능 자체에 대해서는 여러 학설이 있지만 근대한국어에서 삽입모음의 상실을 비롯하여 여러 가지 문법 간소화 현상이 일어났다. 그렇다면 근대한국어를 나누는 기점은 어떻게 될까? 많은 학자들은 임진왜란(1592~1598)을 전후한 시기에 근대한국어가 형성되기 시작하였다는 점에 동의한다. 임진왜란을 통하여 조선은 사회적으로 많은 변화를 겪었다. 일본어와의 교섭도 다른 어느 때보다 많았을 것이다. 이러한 사회 변화가 직접적으로 언어 변화에 영향을 끼쳤다고 볼 수는 없지만, 임진왜란을 전후한 기록들을 보면 앞서 언급한 음운 및 문법의 변화가 목도되기 때문에 이를 기준으로 근대한국어의 시작으로 볼 수 있다는 것이다.

현대한국어의 시작은 갑오개혁(1894)을 전후한 시기로 본다. 이 시기부터는 서양의 문물이 본격적으로 도입되어 신분제와 같은 구시대적 유물들이 제도적으로나마 붕괴되는 시기이기 때문이다. 문자 정책 또한 혁신되어서 그동안 엘리트 계층의 전유물이었던 한문을 대신하여 한글이 공식 문자로 선포되었다. 또한 서양의 각종 문물을 수입하는 과정에서 생긴 번역어의 영향으로 언어의 변화도 발생하였다. 초기에는 〈독립선언서〉와 같은 국한문 혼용체가 간혹 쓰이기도 하였다. 그러나 순우리말 신문 '독닙신문'의 발간(1896)이나 신문학의 성립 등을 통해 오늘날 우리가 사용하는 언어와 비슷한 문체로 발전하기 시작한 때가 이 시기이다.[9] 사실 근대한국어와 현대한국어는 산뜻하게 구별되는 용어가 아니다. 두 용어 모두 'Modern Korean'의 번역어이기 때문이다. 이러한 이유로 현대한국어를 근대한국어와 구별하기 위해 'Modern Modern Korean' 혹은 'Contemporary Korean'이라고 부르기도 한다. 즉, 현대한국어는 지금 우리가 사용하는 한국어와 거의 같은 공시태의 언어를 의미한다. 근대한국어와 현대한국어는 언뜻 보면 다른 자료처럼 보이기도 한다. 그러나 현대한국어가 정립된 표기법과

---

[9] 본격적인 현대소설 「무정」(1917)은 '언문일치'의 현대한국어 문체에 큰 영향을 끼친 것이다.

현대적 문체를 사용한다는 점을 제외한다면, 음운이나 문법적인 면에서 크게 달라진 점은 없다고 해도 무방하다.

이상의 내용을 정리해 보면 한국어는 고대한국어(~1443), 중세한국어(1443~1598), 근대한국어(1598~1894), 현대한국어(1894~)로 크게 나누어 살필 수 있으며, 고대한국어는 1103년을 중심으로 전기와 후기로 나누어 살필 수 있다. 그렇지만 고대한국어의 전기와 후기는 자료에 의해 확연히 갈라지는 것이 아니다. 다만 전기 고대한국어에서는 삼국과 통일신라시대의 언어를 일관하여 다루고, 후기 고대한국어에서는 고려시대 언어를 일관하여 다루는 개념상의 구분으로 이해하는 것이 좋을 것이다.

4. 삼국 언어의 어휘와 문법

전기 고대한국어에 속하는 삼국 언어는 신라어를 제외하고는 대부분 「삼국사기」 지리지의 복수지명을 대조하여 그 어휘적 편린을 얻을 수 있을 뿐이다. 신라어는 '임신서기석' 등의 금석문을 비롯하여 「삼국유사」와 「균여전」에 전해지는 향가를 통해 문장 수준의 정보를 알 수 있으며, 이를 통해 당시의 문법적 특징들도 추론할 수 있다. 그렇지만 명사 표기를 중심으로 살펴보아도 고대 삼국 언어의 특징은 어느 정도 짐작할 수 있으며, 이 특징들은 통일신라와 고려를 거쳐 중세한국어까지 연결되고 있음을 확인할 수 있다.

고구려 지명 표기에서 자주 나타나는 '買'는 '밥'와 모음의 음가가 유사하다. 그리고 '밥'는 다시 '其'나 '吉'과 같은 표기와 혼용되어 사용되었다. 이를 다시 중고한음이나 상고한음과 연관하여 추론하면 '買'의 당시 한자음은 /*mï /로 재구할 수 있다. 이때 / *ï /는 고대한국어에 존재하였던 '후설의 / i /'로 현대 모음 체계의 / ū/에 가깝다. 따라서 '買忽 一云 水城'이라는 「삼국사기」 지리지의 기록은 고구려어의 /mï / 가 현대한국어 '물'의 직접 소급형임을 증언한다.[10]

10 고구려어의 /mï/는 퉁구스어 /mū/와 만주어 /mu-ke/뿐 아니라, 백제어 '武尸'/mur/와도 대응된다. 또한 신라 지명에서도 '淸川縣 本 薩買縣'에서 보듯이 고구려어와 똑같이 대응되며, 고대 일본어 /mi-du/와도 대응된다. /mï/는 퉁구스어를 기반으로 하는 광범위한 언어권에서 사용되었던 단어임을 알 수 있다.

「삼국사기」 지리지에 나오는 대부분의 고구려어 지명은 통일신라 이후에 정리된 것이고, 이미 고구려가 그 지방에서 세력을 잃은 지 오래되었기 때문에 순수한 고구려어라고 보기 힘들다는 주장도 있다. 그러나 백제 지명 ‘其買縣’(林川이라고도 함)과 신라지명 ‘史勿’(泗水의 원이름)의 ‘買’와 ‘勿’을 /mï~mïr/로 본다면 ‘買’와 ‘勿’은 고대 삼국이 공유하던 단어라고 할 수 있다. 앞서 언급하였듯이 고대의 차자표기에서는 말음의 ‘r’은 흔히 넘나들기 때문이다.[11]

고구려어에서 ‘성城’은 ‘홀忽’에 대응한다. ‘홀’은 중세한국어의 ‘잣’과 대응하기 힘들기 때문에 고구려어의 특성으로 보는 경우가 많다. 이에 비해 신라어는 향가 표기 ‘城叱’은 ‘잣’으로 해석할 수 있다. 즉 고구려 ‘홀’과 신라어 ‘잣’은 한 의미에 대한 별개의 형태이다. 그러나 ‘잣’은 비교적 후대에 생겨난 신어라고 생각해 볼 수 있다. 왜냐하면 실제로 고구려어의 ‘홀’에 해당하는 백제어는 ‘夫里’, 신라어는 ‘伐’로 이들은 /pər~puri~hor/와 같이 한 단어의 변이 형태로 볼 수 있기 때문이다. 즉 ‘홀’은 백제어와 신라어에 대해 /p>h/의 약화 현상에 의한 방언적 차이로 여겨진다. 또한 산악 중심의 고구려 지형과 평지가 많은 남부 지형의 차이에 의해 ‘성’을 지칭하는 명사가 달라졌다는 추론도 가능하다.

백제어에는 ‘성’을 뜻하는 다른 단어가 있다. ‘杜城縣 本 百濟 豆伊縣’과 ‘伊城懸 本 百濟 豆尸伊懸’에 나오는 ‘伊’이가 그것이다. 또한 백제어에는 ‘伊’에 대한 이형태로 ‘기’가 있었다. ‘悅城懸 本 百濟 悅己懸’

---

11 ‘덕수현德水縣’의 본 고구려 지명은 ‘德勿縣’인데, 이를 보아도 ‘買’와 ‘勿’은 상통하는 차자였음을 알 수 있다.

과 '潔城郡 本 百濟 結己郡' 등에 나오는 '己'와 더불어 '基' 또는 '榑' 등의 이표기들도 존재했다.

이에 대해 신라어는 이미 한자어를 상당히 받아들인 것으로 보인다. '大城郡'이 본래 '率伊山城'이었다거나, '商城郡'이 본래 '西兄山郡'이라고 한 기록에 이미 한자어 '山'을 사용하고 있음을 볼 수 있다.[12] 또한 '固城郡'의 본 이름을 '古自郡'이라고 표기한 것을 보면 이미 중세한국어의 '잣'에 대응하는 단어가 존재하였음을 알 수 있다. 이를 볼 때 중세한국어는 신라어를 근간으로 한 것으로 성립되었을 가능성은 있지만, 삼국의 언어 차이는 방언·표기적 차이 내지 문화·지리적 차이에 안에서 이해할 수 있는 정도라고 해도 무방하다.

「삼국사기」 지리지의 몇 어휘만을 보고 삼국의 어휘가 달랐다고 생각하는 것은 너무 성급한 결론인 것 같다. 물론 고구려어 '旦'은 '谷'을 뜻하는 표기로 이형태로 '呑, 頓'을 가지고 있었던 것인데, 이 단어는 백제어나 신라어에서 발견할 수 없는 단어이다. 반면에 '三'을 뜻하는 '密'은 신라어의 '推'과 대응된다. 이 단어는 일본어의 /mi/에 대응하지만 중세한국어와는 대응되지 않는다. 이런 관점에서 보면 고대 삼국 언어에는 중세한국어와 다른 어떤 기층을 가지고 있었을 가능성이 있다. 그러나 이러한 몇몇 예를 제외하고는 대부분 중세한국어와 대응되기 때문에 삼국의 언어가 현대한국어의 직접적인 조상 언어라는 사실을 뒤집을 수는 없다.

---

12 신라 지명에서도 '率伊'를 '六城'과 대응한 점으로 보아 '성'을 뜻하는 '伊'가 백제에 한정된 표기라고 단정할 필요는 없다. 또한 지금의 '義城'을 '多仁懸'이라고 하고 이의 본 이름을 '達己懸'이라고 한 것도 이를 지지한다.

현대한국어가 고대한국어의 계승자라는 점은 신라가 남긴 향가에서도 찾아볼 수 있다. 비록 고구려와 백제어가 문장 수준의 자료를 거의 남기지 않았기 때문에 고구려어, 백제어, 신라어가 문법을 공유했으리라고 단정할 수는 없다. 신라의 향가 자료는 몇몇 고대적 표현을 제외하고는 대부분 중세한국어의 문법에 대응된다. 다만 가야가 남긴 〈구지가〉나 고구려가 남긴 〈황조가〉를 보면 문법의 운용에 큰 차이가 없음을 짐작할 수 있다. 특히 최근 발견된 백제의 〈숙세가〉는 죽간 형태로 발견된 것이어서 당시 언어의 모습을 그대로 간직하는 것이다. 여기에 나타나는 문법 형태 역시 고대한국어의 전형적 모습과 일치한다.

(1) 구지가

> 龜何龜何
>
> 首其顯也
>
> 若不現也
>
> 燔灼而喫也

(1)에서 중세한국어의 호격조사 '何'의 존재를 확인할 수 있다.[13] 첫 행은 완전한 차자표기 형식을 취하여 "거북아, 거북아"로 해석된다. 이후의 행들은 보통 한역의 형태로 이해하고 있지만, "새 왕을 보여 다

---

13 김창룡(1991:250)에 의하면 한역시라는 입장에서 '也'도 노래의 원뜻인 공손법을 나타내는 사족에 불과함을 밝히고 있다. 그렇다면 '也'는 우리말의 종결사를 나타내는 훈독 표기자일 수 있다.

오. 만약 안 보이면, 구워서 잡아먹겠다."와 같이 해석하면 이 자료가 〈임신서기석〉과 그다지 다를 바 없다는 것을 직감할 수 있다.[14]

〈황조가〉도 다음의 번역과 비교하면 우리말 어순에 맞추어 기사한 흔적을 찾아 볼 수 있다.

    (2) 황조가

      翩翩黃鳥　　펄펄 나는 꾀꼬리

      雌雄相依　　암수 서로 어울리는데

      念我之獨　　생각하니 나는 외로워

      誰其與歸　　누기랑 돌아가리.

(2)는 흔히 「시경」풍의 한역시로 여겨지고 있다. 그러나 단순한 한역이라기보다는 우리말의 어순이나 격형을 참조하여 한역하였을 가능성도 배제하기는 어렵다.[15] 특히 마지막 행의 '誰其與'는 '누기랑'이라는 우리말과 대응시킬 수 있다.[16]

---

14 '首其'를 '새 왕'으로 번역한 것은 일단 이 노래가 새 왕을 추대하기 위한 맞이노래라는 데 초점을 맞춘 것이다. '首'는 「삼국사기」 지리지에 '首知縣 一云 新知' 혹은 「삼국유사」의 "始現 故諱首露 或云 首陵"에서 '新'의 의미를 가지고 있다. '其'가 '王'을 뜻하는 것임은 앞서 언급한 '鞬吉支'의 표기에서 찾아 볼 수 있다. 이를 「일본서기」의 /konikisi/와 비교해 보면 '吉支'는 'kisi'라고 볼 수 있으며 고대한국어에서 /*kïrti/로 실현되었을 가능성을 시사한다. 여기서 왕을 뜻하는 단어는 /kïr/이며, /ci/는 존대를 뜻하는 인칭접미사이다.

15 김창룡(1991:180)에 의하면 〈황조가〉와 「시경」 당풍 〈葛生〉편은 서로 연관성이 있는 작품이다. 이런 점에서 〈황조가〉가 「시경」풍의 역시임은 자명하다. 그러나 〈황조가〉의 한역에서 '其'의 쓰임은 단지 운을 고르는 효과를 제외하고는 어떤 의미를 갖지 못한다고 하였다.

(3) 숙세가

宿世結業	전생에 업보를 맺어
同生一處	같은 세상에 났어라
是非相問	옳고 그름을 묻건댄
上拜白來	서로 절하며 숧고려

(3)의 〈숙세가〉는 2001년 백제 능산리 고분에서 발견된 유일한 백제 당대의 시이다. 여기에서 처음 두 문장은 한역이지만 "시비를 서로 묻는다."는 우리말 어순이고, 특히 '숧白'과 공손법의 명령형종결어미로 해석될 수 있는 '來'를 보면, 이 시가 백제식의 차자표기에 의한 것임을 알 수 있다.

(4) 헌화가

紫布岩乎邊希	질뵈 바호 가희
執音乎手母牛放敎遣	자ᄆ온 손 암소 놓히시고
吾肹不喩慚肹伊賜等	나흘 안디 붓글히시든
花肹折叱可獻乎理音如	곶흘 져가 받줍오림다

(4)에서는 몇몇 어휘와 문법적 요소들을 제외하면 중세한국어의 어휘와 문법들이 고스란히 들어있다. '질뵈'는 「계림유사」에서 '紫'를 뜻하는 '質背'와 대응되고, '바호'는 중세한국어의 '바회'와 대응된다. '希'

---

16 '誰其'는 '누구'의 고형으로 '처용가'의 '誰支'와도 대응된다.

는 속격조사 '의'의 고형이며, '*잡다'는 중세한국어 '잡다'의 고형이다.
이 '*잡다'는 「균여전」〈광수공양가〉에도 '執音馬'로 표기되어 있기
때문에 '곱'을 '잡다'의 고형 '*잡다'의 말음첨기자로 이해할 수 있다.[17]
'나, 곳, 져, 받줍'과 같은 단어들도 중세한국어에 바로 대응되는 것이
다. 다만 '肹'은 '希'의 경우와 같이 대격형 '을'의 고형으로 본다. 이들
을 선행 명사의 말음이 연음된 것이라고 보는 경우도 있으나 중세한국
어에 나타나는 이른바 'ㅎ말음명사'들은 모두 모음이나 'ㄴ, ㄹ' 뒤에
오는 것으로 '곳'과 같은 단어는 이에 해당하는 것이 아니다. 물론 고
대한국어에서는 이러한 현상이 더 광범위하게 사용되었을 개연성도
있다. 그러나 〈청전법륜가〉의 '法界惡之叱佛會阿希'과 같은 예문에서
보듯이 '希' 명사에 후행하는 '阿'와 같은 접사 뒤에도 사용되었으므로
'肹, 希'가 'ㅎ말음'을 반영하는 표기라는 것은 수긍하기 힘들다.[18]

이제까지 살펴 본 바와 같이 고대 삼국의 언어는 조금씩 다른 면도
있고 공통적인 면도 있다. 그리고 어떤 어휘들은 일본어와 알타이어
에도 대응된다. 무엇보다도 일부 어휘를 제외하면 대부분 중세한국어
의 어휘에 대응되는 예들이 많다는 점을 강조할 수 있다. 또한 삼국 시
대에 사용된 문법 용례들을 보아도 고대 삼국의 언어가 현대한국어의

---

17 현대어에서 사용되는 '한 줌 두 줌'과 같은 단어는 고형이 보여주는 'ㅁ'이 반영된
것이라고 추론해 볼 수 있다. 또한 '연장' 혹은 '쟁기'를 뜻하는 '자븐 것/자븐것'과
'잠개'의 대응도 이와 무관하지 않을 것이다.

18 튀르크어와 몽골어어에는 'tadaki:산에 있는, 산에 속한, ebdäki:집에 있는, endeki:
이곳의 tengrideki:하늘의' 등의 예들과 같이 처소격(/da, dä, de/) 등에 /ki/를 붙
여 관형어구(adnominal phrase)를 구성하는 경우가 있다. 이 /ki/를 고대한국어
의 /*hï/와 대응시키는 것은 자연스러운 일이다.

직접적인 조상이 될 수 있다는 사실에는 틀림이 없다. 이와 같은 삼국의 언어는 신라가 삼국을 통일하면서 동질화가 가속되었을 것이다.

신라는 삼국을 통일한 후 최초의 언어 정책인 경덕왕 757년의 지명 개신을 실행하게 된다. 이 개신을 통하여 그동안 고유어를 표기한 지명들이 2음절의 한자어로 바뀌게 되었다. 신라는 경덕왕 이전에도 한화의 방향으로 지명 개신을 추진한 바 있었다. 법흥왕 11년에 '沙伐國'을 '上州'로 개명하였고, 진흥왕 18년에 '甘文小國'을 '淸州'로 개명하였다.[19] 이러한 신라의 개명 정책은 선진적 지명으로 나아가려는 의지가 일찍부터 존재하였음을 보여준다. 이를 통하여 많은 고유어들이 사라진 것은 분명 아쉬운 일이다. 그러나 이 과정에서 본 지명과 새 지명이 병기된 자료들을 통해 고유어를 얻을 수 있는 단초가 제공된 것은 다행한 일이 아닐 수 없다. 신라의 지명 개신은 역사 발전의 필연적 결과물이다. 한국어 역사에서 최초로 수행된 언어정책은 명암의 양측면을 모두 가지고 있었다.

---

[19] 이들은 각각 경덕왕 때 '尙州'와 '開寧'으로 다시 개명되었다(도수희 2010:26).

3장
고대인의 문자

한국어의 역사와 문화

1. 향찰 표기의 특징

향찰은 고대한국어를 표기한 독특한 문자 체계이다. 이 문자는 한자를 자소로 하여 한자의 음과 훈에 따라 우리말의 음과 단어, 혹은 문법 요소를 표기한 것이다. 이는 보통 한자차용표기, 혹은 차자표기로 지칭된다. 향찰은 그 중에서도 신라 향가에 사용된 문자만을 의미하는 경우가 많다. 혹은 차자표기 대신 이두라는 용어를 사용하기도 한다. 「대명률직해」(1395)에 "삼한 때에 설총이 방언문자를 만들었는데 이를 이두라고 한다."라는 기록은 조선시대에 이미 고대한국어에 널리 쓰인 차자표기를 이두로 호칭하였음을 알려준다.[1]

그러나 이두라는 명칭은 당대의 소산이 아니라 향찰이 쇠퇴하고 난 후 '서리들이 주로 사용하는 글'로 명명된 것이므로 고대한국어 시기의 차자표기를 대표하는 것으로 적당하지 않다는 의견이 있다. 이런 점에서 삼국 언어의 어휘나 문장을 표기한 문자를 향찰로 대표하는 것도 하나의 대안이라고 생각한다. 향찰은 중국의 문자에 대해 '우리 문자'의 뜻으로 당대에 이미 통용되던 용어이기 때문이다.

향찰은 고대한국어의 고유명사들을 표기하는 명사표기로부터 출발하였을 것이다. 주로 땅이름, 사람이름, 관직이름들이 명사표기의 대상이 되었다. 명사표기는 신라의 금석문에서 보듯이 점차 문장표기로

---

[1] 이두는 '吏讀'으로 표기된다. 이두는 '吏書, 吏札'로 불리기도 하였다.

발전하였다. 이후 향가에서는 고대한국어의 전모를 알 수 있는 정밀한 표기로 발전하였다. 그러나 이러한 발전이 모두 계기적으로 이루어진 것이라고는 보기 힘들다. 오히려 향찰은 사용 목적에 따라 정밀 표기와 약체 표기의 두 형태로 분화되었다는 표현이 더 적절할 것이다.

명사표기에 사용되는 '尸'는 몇 가지를 제외하고는 보통 단어 말음의 /r/를 표기한다. 이는 명사표기와 이후의 표기들이 비교적 통일된 원칙에서 정립되었음을 의미한다. 명사표기는 향가의 표기와 달리 '譯上不譯下' 즉, 어간은 주로 훈을 차자하고 어미는 음을 차자한다는 이른바 '訓主音從'의 원리를 정확하게 지키지 않는다.[2] 또한 같은 문장 표기라도 금석문표기에는 향찰에 사용되지 않는 '之'와 같은 종결사가 사용되었다.

이는 표기 목적에 따라 표기 방법도 달라질 수 있었음을 의미한다. 그러나 향찰에는 명사표기, 금석문표기, 향가표기에 공통된 표기 방법도 존재한다. 이런 의미에서 향찰은 기본 원리를 중심으로 사용 목적 혹은 계기적 발전에 따라 별도의 운용원리를 가지고 있는 고대한국어 시기의 고유한 문자 체계라고 할 수 있다.

모든 문자는 추상적 문법의식을 시각적으로 기호화하는 데서 출발한다. 표기 체계가 복잡하고 까다로운 고대 문자는 표기법의 고안자뿐 아니라 운용자들까지 꽤 높은 수준의 문법의식을 요구한다. 향가

---

2 「삼국유사」에는 '皆隨書者之便'이라 하여 향찰이 본래 별다른 원칙 없이 표기되었음을 시사한다. 그러나 '지금'에 와서는 '역상불역하(今譯上不譯下)'의 원칙을 따른다고 하였다. 이는 훈주음종의 원리가 비교적 후대에 확립된 것임을 증언한다. 이를 보면 '厭觸'은 '지금(향찰이 확립된 당대를 의미?)'의 표기이고, '異次'는 초기 향찰의 표기라고 볼 수 있겠다.

표기에 사용된 향찰도 예외가 아니어서 고대 한국인의 언어적 직관을 높은 수준으로 반영하고 있다. 이러한 시가 향찰은 당시에 확립된 다른 문자들처럼 고대 언어학의 지식과 인접어들에 대한 비교 혹은 대조 지식이 축적되고 포섭된 역사적 산물이다.[3] 또한 시가 향찰은 다른 문자들에 대해 시가 표기라는 특수성에 기인한 독특한 운용 원리를 포함한다.

고대 이집트인들이 그들의 문자를 신성하게 생각한 것처럼 시가 향찰도 신라인들의 언어의 주술적 혹은 신성적 가치를 반영하는 분명한 목적의식에 따라 추구되었다. 신라인들에게 향가는 서정적 감정의 표출 수단이라기보다는 고대 제정일치사회의 상층 지식부가 독점한 주술적이며 제의적인 목적 시가였다. 이런 점에서 시가 향찰이 향가에 전용된 것은 우연한 일이 아니다. 신라인들이 남긴 〈임신서기석〉이나 〈남산신성비〉와 같은 금석문표기와 향가표기를 비교해 보면 단순히 표기법의 발달에 따른 표기 복잡성의 결과로 보기 힘든 원리적 차이가 존재함을 알 수 있다.

앞서 언급한 바와 같이 향찰은 한자를 자소로 하는 독립적인 문자 체계이며 이를 입증하는 운용원리를 갖추고 있다. 운용원리란 표기의 실제적 운용에 관여하는 고대인의 언어직관, 즉 문법적 지식을 의미한다. 따라서 훈독, 음독 등으로 표현되는 표기 방법과 문법지식이 반영된 운용원리는 구별되어야 한다. 두 개념 모두 전체적으로 차자표기 체계를 구성하는 기본 개념이 다.

---

3 향가에 사용된 향찰을 여기서는 특별히 시가 향찰이라고 하겠다.

세계 문자사의 관점에서 보면 향찰은 일종의 표어문자로 볼 수 있다. 표어문자는 이집트의 신성문자나 수메르의 쐐기문자처럼 보통 단어나 개념 외에 음절이나 음소 개념을 섞어 표현하는 방법이다. 향찰의 운용원리도 일반적인 표어문자가 보여주는 운용원리와 기본적으로 같다고 볼 수 있다 .

향찰의 차자 방법은 향찰의 모든 형식에 두루 쓰이는 개념으로 한자의 음과 훈을 어떻게 이용하는가에 대한 개념을 의미한다. 이에 대해 운용원리는 '형태 확보 원리'로 일괄할 수 있는데, 주로 어간이나 접사의 형태를 드러내 주는 일련의 규칙들로 구성되어 있다. 이러한 형태 확보 원리는 시가 향찰과 같이 복잡한 표기에서 두드러진다.

차자 방법에서 명사표기는 음차 혹은 '훈독+음차'의 방법으로 이 원리를 준수했다. 반면에 금석문 등에 보이는 서사 표기에서는 거의 음차의 예를 찾기 힘들다.[4] 한문 원전을 번역하는 데 사용한 역독 구결은 원전 단어의 풀이를 최대한 활용하면서 접사나 어미의 표기는 주로 훈차와 음차를 이용하였다. 특정 어휘나 문법 요소를 표기하는 차자는 가능한 정연하게 대응시키고 있다. 즉 특정한 차자는 특정한 어휘를 지시한다. 예를 들어 명사표기 '買'는 거의 '물'을 의미하는 차자로 사용된다. 물론 앞서 언급하였듯이 방언이나 지리, 문화적 차이에 따라 다른 차자를 사용하거나 특정 음소를 수의적으로 표기하는 경우도 있다. 그러나 대체로 특정한 형태 단위는 제한된 차자를 선호하는 것이 일반적이었다.

---

4 차자 방법에 대한 용어는 후술에서 좀 더 자세하게 설명하겠다.

시가 향찰은 내용의 전달과 음성형태의 전사가 아울러 중시되었으므로 음차와 음독, 훈차와 훈독을 모두 사용한다. 또한 시가 향찰은 비교적 후대에 이루어진 것이므로 고대인의 문법지식이 종합적이며 체계적으로 반영된 것이어서, 그 운용원리는 다른 표기 형식보다 복잡한 양상을 보이게 된다.

향찰의 차자는 아래 (1)과 같이 네 부류 중 하나이다.

(1) 향찰의 차자 방법

한자자소	음	음독	대상 자소를 그 훈을 내재한 채로 음으로 읽음. 〈公主:공주〉
		음차	대상 자소의 음을 빌지만 그 훈은 빌지 않음. 〈伊:이;주격조사〉
	훈	훈독	대상 자소를 훈으로만 읽음. 〈置:두;동사어간〉
		훈차	대상 자소를 훈으로 읽되, 표음 부호로 사용함. 〈是:이;주격조사〉

향찰의 음독자는 주로 한자어와 같은 외래어를 표기하는 유용한 수단이다. 이는 서사 표기와 시가 표기에 두루 쓰인 방법으로 당시 한문화와의 접촉과정에서 요구된 문장 표기의 필요불가결한 방법이었다. 서사 표기의 '壬申年, 天寶, 亡考'와 같은 예는 음독자임이 확실하나 '六月十六日'이 음독되었는지는 논구하기가 어렵다. 시가 향찰에 보이는 '善化公主'는 전형적인 음독의 예로 볼 수도 있지만 '善化'의 '善'은 훈독되었을 가능성도 있다. '花/化'의 대응은 이 자소가 음차에 의한

것일 가능성을 남겨 놓기 때문이다.

'안민가'의 '君, 臣, 民'과 같은 자소가 음독자일 가능성은 충분하다. 그러나 사실 향가에서 음독자의 사용은 서사 표기에 비해 극히 제한적이다. 다만 불교에 관계된 여러 단어들을 포함한다면 음독자의 수가 많이 늘어날 것이나 이 경우 음차자로 인정해도 무리는 아닐 것이다. 박병채(1966)에서는 향찰의 표기 체계가 「싯담悉曇」을 모형으로 하는 한역漢譯 불전佛典의 불번어不飜語에 그 모형을 두고 있음을 지적하고 있다. 천소영(1990)에서도 불번어들이 고유명사 음차 표기의 전범이 되고 있음을 지적하고 있다. 이는 고대인들이 차자표기를 고대한국어의 음운체계에 맞추어 운용하였음을 시사한다.

향가에서 음독자의 제한된 사용은 실용문에 대해 시가의 언어가 우리말의 순수성을 어느 정도 유지하고 있었음을 의미한다. 또한 시가 향찰은 명사표기의 음차 방법을 확대하여 형식형태소의 표기에 응용할 수 있었다. 이는 '是' 와 같은 훈차와 더불어 실용문 표기로부터 운용원리의 혁신을 이룬 것이다. 이러한 혁신은 이후의 이두와 구결에서 그대로 수용되어 향찰 표기의 근간이 되었다. 특히 격접미사의 음차는 매우 절제된 것이어서, 명사표기에서 보였던 동음자간의 수의적 교체를 극복함과 동시에 격 범주와 같은 문법 요소들에 대한 고대인의 직관을 확고하게 반영한 것이다.

시가 향찰에서 훈독은 이른바 말음첨기의 음차와 병용된 경우가 많기 때문에 당시의 어형을 재구하는 데 많은 암시를 제공한다. 예컨대 '夜音'과 같은 표기로부터 이 어형이 현대어의 '밤'과 크게 다르지 않았음을 짐작할 수 있다. 이는 향찰 표기 당시 이미 폐음절어로서의 국어

의 위상이 정착되었음을 의미하기도 하는 것이다. 이러한 표기 방법은 이미 명사표기에도 적용된 것이다.[5]

시가 향찰에서 가장 현저하게 나타나는 자소는 90회가 사용된 '叱'이다. 이는 향찰이 음소 단위의 표기에도 적용되었음을 보여준다. '叱'은 중세한국어의 'ㅅ'에 해당하는 것으로서 'ㅅ'으로 끝나는 동사어간의 말음이나 명사의 속격표지에 전용된 자소이다. 이 자소는 명사어간의 표기에는 거의 사용되지 않았다. 이로써 추측할 수 있는 사실은 '叱'이 음소단위의 표기이며 명사어간과 동사어간을 구별하여 서로 다른 기능을 수행한 차자라는 것이다. 즉 '音, 尸, 叱' 등의 음소단위 차자들이 어간의 품사에 따라 말음첨기와 기능형태소로 구분되어 사용되었다는 것은 고대인들이 차자표기의 운용에 있어서 음소단위 분석, 혹은 품사의 분류, 기능형태소의 인식 등 언어학의 전반적 지식을 능숙하게 구가하였음을 의미한다. 또한 이 차자들은 고대한국어가 폐음절어로 상당부분 이행되었음을 의미한다. 반면에 '買珍伊城'의 '伊'는 앞의 음 '돌'을 '도리'로 읽게 하는 표기이다. 즉 말음첨기의 유형에 따라 특정 단어를 폐음절 혹은 개음절로 읽을 수 있음을 알 수 있다.

시가 향찰을 표기하는 데 따르는 표기 방법의 다원화는 형태 확보의 운용원리도 그만큼 복잡해졌음을 의미한다. 시가 향찰은 고유명사 표기나 서사 표기에 드러나지 않는 운용원리를 가지게 되는데, 이는 주로 문법 단위에 대한 고대인의 지식을 기술하기 위한 치밀한 사유의 결과라고 할 수 있다.

---

5 '舌尸'의 '尸'가 말음 'ㄹ'을 표시한다든가 '居斯川'의 '斯'가 'ㅅ'음을 나타내는 예들을 들 수 있다.

2. 서사 향찰

서사 향찰은 주로 금석문이나 죽간 등에 적힌 실용적 글들을 표기하기 위한 것이다. 향찰은 그 사용 목적 및 운용 원리에 따라 서사 향찰과 시가 향찰, 그리고 역독 향찰로 대별할 수 있다. 이 중에서 서사 향찰의 범위가 가장 커서 명사표기는 물론 〈구지가〉처럼 한문이 혼용된 시가에 사용된 표기들도 이에 해당한다. 즉, 서사 향찰이란 다소 복잡한 개념이기는 하지만 시가 향찰에 대립되는 개념으로, 간략한 차자표기 방법들을 두루 지칭하는 것으로 이해할 수 있다. 이 서사 향찰은 중세 시대로 넘어가면서 서리들의 공문서에 사용하는 이두로 발전하게 된다.

이에 대해 시가 향찰은 향가를 적는 데 사용된 향찰을 의미하며 가장 정밀한 운용원리를 가지고 있다. 다만 신라의 향가 외에는 다른 경우에 사용된 예가 없기 때문에 고대한국어에서 이러한 시가 향찰이 얼마나 널리 사용된 것인지에 대해서는 잘 알 수 없다. 그러나 최근 발견된 〈숙세가〉를 보거나 당시 백제에서 향가와 같은 노래를 불렀다는 기록이 전무하다는 점을 감안하고, 향가의 주술적 성격에 비추어 볼 때 시가 향찰은 향가에 전용되었다고 보아야 할 것이다.

역독譯讀 향찰은 흔히 석독 구결로 지칭된다. 여기서 특별히 역독 향찰이라는 용어를 사용하는 이유는 이를 구결의 범위가 아닌 포괄적인 향찰의 범위에서 논하기 위한 것이다. 역독 향찰은 약체자의 사용, 완벽한 번역체의 구현이라는 점에서 시가나 서사 향찰들과 성격이 다르다. 즉 역독 향찰은 '읽기'를 위한 표기 수단이다. 그러나 이것이 단순히 원전을 읽는다는 범위에서 벗어나 번역문의 구현이라는 점을 상기하면 이 역시 '쓰기'의 한 방편으로 볼 수 있다. 이 역독 향찰 역시 원전의 완벽한 번역이라는 사용 목적이 있었기 때문에 시가 향찰 못지않은 표기의 정밀성을 보인다.

서사 향찰은 명사 표기로부터 한문 혼용체, 그리고 한국어 어순에 일부 문법 요소를 첨입한 표기들을 망라한다. 명사표기나 한문 혼용체에 대해서는 이미 앞에서 설명한 바 있기 때문에 여기서는 일부 문법 요소를 첨입한 형태를 중심으로 설명하도록 하겠다.

(2) 임신서기석(552?, 612?년)

壬申年六月十六日 二人幷誓記 天前誓 今自三年以後 忠道執持 過
失无誓 若此事失 天大罪得誓 若國不安大亂世 可容行誓[之] 又別
先辛未年七月二十二日大誓 詩尙書禮傳倫得誓三年

임신년 유월 십육일에 두 사람이 함께 맹세하여 기록한다. 하늘 앞에 맹세한다. 지금부터 삼년 이후 충도를 집지하고 과실 없기를 맹세한다. 만약 이 일을 잃으면 하늘의 큰 죄를 얻을 것을 맹세한다. 만약 나라가 불안하고 큰 난세가 오면 가히 용행할 것을 맹세한[다]. 또 따로 먼저 신미년 칠월 이십이일에 크게 맹세하였는데 시, 상서, 예전의 윤득을 맹세하기를 삼년으로 하였다.

〈임신서기석〉은 역독 향찰의 하나인 「구역인왕경」에서 구결자를 제외하고 역독逆讀 방법을 '쓰기'로 보여주는 형식이라고 할 수 있다. 이러한 〈임신서기석〉 표기를 모형으로 역독 향찰이 성립되었는지, 그 반대의 경우인지는 정확하게 알 수 없다. 주목해야 할 점은 두 향찰이 '한문 역독'이라는 운용원리를 공유하고 있다는 점이다. 〈임신서기석〉은 초기의 것이어서 그런지는 모르지만 종결사로 쓰이는 '之' 한 자를 제외하고는 다른 문법 요소를 표기하지 않았다. 이 금석문에 기능 형태소가 극도로 제약된 이유는 높이가 34cm 정도밖에 되지 않고 개인적인 용도로 서술된 것이라는 점에서도 찾을 수 있다. 이에 대해 〈남산신성비〉는 높이가 91cm이고 국가적 차원에서 서술되었다는 점을 상기해 보면 〈임신서기석〉의 표기는 더 정밀한 표기를 요하지 않았거나 그러한 여지가 없었다고 추론해 볼 수 있겠다.

〈임신서기석〉의 문장들에는 기본적으로 음차와 같은 방법이 적용되지 않았다는 사실에 주목해 보자. 〈임신서기석〉과 같은 서사 표기는 그 사용 목적이나 표기 재료의 성격에 비추어 볼 때, 한국어의 음성 형식을 정밀하게 표현할 필요가 없었을 것이다. 주로 실용문에 사용된 대부분의 서사 표기들은 기능형태소의 표기를 음차가 아닌 훈독에 의지하였다. 즉 서사 향찰은 주로 한문 어순을 바꾸거나 한문의 기능적 요소를 그대로 가져오는 방법으로 표기되었다는 것이다.

(2)에서 '可容行誓[之]'의 '之'와 같은 용례는 한국어의 종결어미를 훈독자로 표기한 것으로, 실용문 표기의 차자 방법을 보여 주는 한 예이다. '之'는 한문의 종결사로 사용되기 때문에 차자의 예가 아니라고 볼 수도 있다. 그러나 '之'를 포함하는 전체 문장이 한국어의 문장을 표기하고 있기 때문에 한문의 종결사와 동일시할 수는 없다. 오히려 '之'

를 훈독자로 해석하여 한문의 종결 표기를 한국어에 적용한 예로 이해하는 편이 옳을 것이다. '之'가 다른 금석문들에서도 한국어의 종결 표기로 일관되게 사용되었다는 사실은 당시 한국어의 기능범주에 대한 고대인의 문법의식이 이른 시기에 발아되었음을 보여준다고 하겠다.

(3) 〈南山新城碑文〉(591년) 일부

　　南山新城作節 如法以作 後三年朋破者 罪教事爲聞教 令誓事[之]

(4) 〈无盡寺鐘記〉(745년) 일부

　　天寶四載乙酉　思仁大角干爲[賜]　夫只山村　无盡寺鐘成教[受內] 成記時願助在衆 邱僧村宅方 一切檀月幷成在 願旨者 一切衆生 苦離樂得教[受]

(5) 〈甘山寺 彌勒像 火光後記〉(719년)

　　亡妣官肖里夫人 年六十六 古人成[之] 東海欣支邊散[之]

(6) 〈甘山寺 阿彌陀像 火光後記〉(719년) 일부

　　亡考仁章一吉湌 年四十七 古人成[之] 東海欣支邊散[也]

(7) 〈葛項寺石塔記〉(758년) 일부

　　二塔 天寶十七年戊戌中 立在[之] 娚姉妹三人業以 成在[之] 娚者 零妙寺言寂法師在[㢱] 姉者 照文皇太后 君嬭在[㢱] 妹者 敬信大王嬭在[也]

(3)에서 (7)까지의 서사 표기들을 살펴보면 〈임신서기석〉보다 형태 요소들이 많이 사용되고 있음을 알 수 있다. 이 중에서 종결사 ‘之, 也’는 (2)와 같은 차자나 같은 의미의 훈독자로 표기되어 있다. 다만 한문에 없는 형식 요소들은 (3)의 ‘賜, 內, 受’와 같이 음차를 이용하였다. 이 중에서 ‘(爲)賜, 內’와 같은 표기는 시가 표기에서도 동일한 용법이 발견되기 때문에, 서사 향찰과 시가 향찰의 운용 원리는 근본적으로 같다고 볼 수 있다.

〈임신서기석〉의 성립은 552년 혹은 612년으로 추정되므로 최초의 향가로 추정되는 〈혜성가〉의 창작 연대(579년에서 634년 사이)와 거의 같다. 그런데 (3)의 〈남산신성비문〉을 제외하면 (4)~(7)의 금석문들은 〈혜성가〉 이후에 조성된 것들이다. 이러한 사실은 서사 표기를 단순히 시가 표기 이전의 표기 형식이라고 볼 수 없게 만든다. 물론 향가의 표기가 노래의 성립과 꼭 일치하리라는 보장은 없다. 그러나 「삼대목」의 성립(888년)이 시가 향찰의 체계화를 전제한 것이라면, 이미 시가 향찰은 발견된 대부분의 서사 표기와 공존하였을 개연성도 충분하다.[6] 다시 말해 서사 표기와 시가 표기는 사용 목적에 따라 같은 시기에 공존한 표기라는 것이다. 또한 읽기 형식에 사용된 ‘역독 원리’는 문장 표기의 중추를 형성하는 것이기 때문에, 보다 이른 시기에 성립되었을 것으로 추정한다. 고대 동아시아에서 한자 중심의 교섭에서 한자의 새김과 음을 이해하고 한문으로 구성된 문장을 이해하는 일은

---

6 「삼국유사」(2 경문대왕 즉위조)의 다음 기사는 세 화랑의 노래가 이미 문자로 표기될 수 있었음을 시사한다. “國仙邀元郞 譽昕郞 桂元 叔宗郞等 遊覽金蘭 暗有爲君 主理邦國之意 乃作歌三首 使心弼舍知授針券 送大炬和尙處 令作三歌”

가장 기초적인 지식이기 때문이다. 따라서 읽기 형식을 쓰기 형식으로 전환하는 방법은 한자가 수입된 이후 매우 이른 시기부터 모색되었을 가능성이 있다.

3. 시가 향찰

시가 향찰은 신라의 향가를 표기하기 위한 특별한 향찰이다. 이는 정밀한 문법 분석을 기반으로 한 표기 체계이며 표어문자의 보편성을 체계적으로 갖춘 문자이다. 향찰의 체계성은 '형태 확보 원리'를 중심으로 설명할 수 있으며, 이 원리는 기능범주 형태소 확보 원리와 이의 이형태 기술 원리, 그리고 말음첨기에 의한 어간형태 확보 원리로 나누어 볼 수 있다.

말음첨기는 어간의 말음을 표시함으로써 앞의 차자를 훈독하고 말음첨기의 음성형식에 의해 어간의 형태를 표기하는 방법을 의미한다. 향가에는 다양한 말음첨기의 예가 나타난다. 말음첨기는 표기되는 음성 단위에 따라 음소첨기와 음절첨기로 나눌 수 있으며, 간혹 후속하는 기능형태소와 연음된 경우를 보이기도 한다. 따라서 말음첨기는 고대인의 문법 의식을 반영하는 표기 체계의 주요한 원리인 셈이다.

예를 들어 '折叱可'에서 '叱'은 /s/의 음소첨기, '可'는 /ka/의 음절첨기이지만 이는 어간 '져+어(부사형)'에서 어간 말음이 후속하는 부사형어미와 연음된 형태를 보이는 연음 표기에 해당한다. '心音'과 '夜音'의 '音'은 음소첨기인지 음절 첨기인지 확실하지 않지만, '春, 朋, 處'과 같은 무첨기 차자와 구별된다. '春音'이라는 표기도 가능하지만 말음첨기 어간과 무첨기 어간은 무언가 다른 이유에 의해 구별되었던 것으로 보인다. 예로 든 무첨기 단어는 중세한국어에서 거성자이며, 말음첨기 단어들은 평성자이다. 이와 같은 대립은 향찰의 표기에서 성조 혹은 장단에 따른 변별을 첨기자를 이용해 표현했을 개연성을 시사하는 것이다. 즉 말음첨기와 무첨기의 대립을 통해 어간의 형태를 확보하려는 시도는 당시의 시가 향찰에서 볼 수 있는 정밀한 운용원리 중 하나라고 할 수 있다. 이에 대해 '道尸'은 중세한국어에서 거성으로 나타나지만 말음첨기를 가지고 있다. 이는 말음첨기가 없는 '道'를 음독하는 경우와 대비하기 위한 것이다.

향가에서는 기능형태소들을 주로 음차에 의해 표기한다. 예를 들어 주격은 '伊'로 목적격은 '乙'로, 서술형은 '多'로 표기하는 것을 의미한다. 훈차를 이용한 예는 주격 '昆'와 사역형 '敎', 겸양형 '白' 등을 들 수 있다. /*ki/로 재구되는 '只'와 같이 강세형도 세밀하게 표기하였다. 이러한 차자들은 폐쇄 집합인 기능형태소의 특성을 반영하여 특정 차자는 특정 형태와 거의 일대일로 대응하는 것을 원칙으로 하였다. 다만 각 형태는 이형태를 고려하지 않고 대표형태소를 표기한다. 예를 들어 목적격 '을>乙'에 대한 '를' 표기가 따로 존재하지 않았다. 그러나 주제화의 '隱'에 대해 '焉'을 따로 표시한 것은 단순한 이표기인지 혹은 음성적으로 다른 형태의 특징을 감안한 것인지 확실하지 않다.

시가 향찰에는 '攴'이라고 하는 특이한 용례가 있다. 김완진(1980)은 이를 이집트의 신성문자에 사용된 지정문자와 같은 것으로 보고 선행하는 요소를 훈독해야함을 지시하는 기능으로 이해하였다. 그러나 향찰의 운용원리는 이집트의 것과는 다를 뿐 아니라 지정문자라는 체계성을 보이지 않기 때문에 이 하나의 글자만으로는 지정문자의 존재를 상정하기는 어렵다. '攴'은 '喰惡[攴], 國惡[攴], 除惡[攴]' 등에서는 '惡'

뒤에 '持以[支?>攴]〈안민가〉, 持以[攴]〈찬기파랑가〉, 祈以[攴], 沙矣 以[攴]' 등에서는 '以' 뒤에, '安[攴]下, 安[攴]尙宅' 등에서는 '安' 뒤에 분 포하는 예를 보이는데, 특정 차자 다음에 반복적으로 나타나는 것은 이 차자를 어간형태를 확인하는 말음첨기 기능으로 이해해야 함을 의 미한다.

음절 첨기는 '川理, 岾乎'와 같은 예에서 확인되는데, 이는 두 음절 이상의 어간의 마지막 음절을 보여주는 표기이다. 그런데 '沙矣, 寢矣' 등은 '川理'와 달리 말음첨기에 어간의 'ㄹ'이 반영되지 않는 분철 표 기로 나타난다. 이는 '沙矣' 가 중세한국어에서도 '몰애' 로 나타나는 이유와 무관하지 않을 듯싶다. 즉 이 경우는 음절첨기를 통하여 두 단 어가 'ㄱ 탈락형'임을 보여주는 예라고 할 수 있다. 그런데 '矣'가 기원 적으로 /*kï/로부터 발전된 속격형의 표기로도 사용된다는 점을 상기 해 보면 고대한국어에서 이미 '몰개>몰애'의 변화가 이루어졌음을 추 측할 수 있다.

'矣'는 사실 말음첨기의 예보다는 속격형으로 사용된 경우가 더 대 표적이라고 할 수 있다. 향가에는 '矣'와 함께 속격형으로 사용된 '希' 가 존재한다. 두 형태의 공존에 대해 여러 학설이 있을 수 있지만, 대 체로 「균여전」에서는 '希' 제한된 점을 미루어 '希'가 '矣'의 고형(혹은 옛 표기라고 보는 경우도 있다.)이라고 설명할 수 있다. 이는 고대한국어 의 속격형이 기원적으로 /*kï>*hï>*ï/의 변화를 겪었음을 시사한다. 칼그렌(1985)에서는 중고한음에서 지섭止攝 3등운等韻은 짧고 종속적 인 자음성의 /i̯/가 재구된다고 하였다. 有坂(1955)에서는 이를 비판 하여 4등운은 구개적이며 전설적인 /i/임에 대하여 3등운은 비구개적이며 중설적인 /ᅵ/임을 주장하였다. 이를 따르면 고대한국어의 주격형은 /i/이며 이는 속격형 /*ï/와 구별되며 이는 각각 '伊'와 '希>矣, 衣'로 구분되어 표기되었다. 주격형에 사용된 '伊'는 지섭 4등운이며 속격형 '矣, 衣, 希'는 모두 3등운이기 때문이다. 이러한 엄격한 구별은 향가에서 예외 없이 드러나는 것이기 때문에 박병채(1971)의 주장대로 고대한국어에서 /ï/가 시차기능이 있는 음소 체계의 일원이었음을 알 수 있다. 따라서 같은 속격형인 '希'와 '矣'의 기원적 관계를 고려한다면, '沙矣'는 /*molkï/로 재구 가능하다.

같은 관점에서 '寢矣'는 /*calkï/로 재구할 수 있는데 이 단어의 중세한국어는 '자리'이다. 이는 명사화접미사 '-기, -이'가 기원적으로는 그 형태가 같았음을 의미하는 것이다. '-기'가 통사적 단어형성에 참여하는 접사인 반면 '-이'는 어휘적 단어형성에만 참여하는 접사이다. 현대한국어에서 '-이'로 명사화되는 어간은 기본적으로 /k/를 탈락시킬 수 있는 말음을 보유하는 것들이다. 이는 어휘적 단어형성이 음운론의 규칙을 투명하게 적용하기 때문이라고 할 수 있다. 예외가 되는 '높이, 넓이, 깊이'와 같은 어사들이 중세한국어에서는 '노픠, 너븨, 기픠'와 같은 형태를 취하는 것은 이러한 설명과 무관하지 않을 것이다.

이상의 설명을 종합해 보면 시가 향찰의 음절 표기에 있어서 연철 및 분철 표기는 표기자의 문법의식을 반영한 결과라고 할 수 있다. 이러한 관점은 기능범주의 형태소 표기에서 그대로 유지될 수 있다. 향찰에 나타난 격형 표기는 형태 확보의 원리에 따라 분철 표기가 그 주류를 이루고 있다. 그러나 이제까지의 해독에서는 연철 표기를 광범위하게 인정해 왔다. 이 결과 '兒史'의 '史'를 주격의 연음표기로 생각하는 경우가 많았는데, 형태 확보 원리를 적용하면 '皃史>즈시'와 같이 말음첨기로 이해하는 것이 좋을 것이다. '史'도 3등운에 속하기 때문에 격형으로 해석한다면 주격이 아니라 속격으로 해석해야 하기 때문이다. 또한 '皃史[是]'의 경우와 같이 '史' 뒤에 주격 '是'가 후행하는 것도 이를 뒷받침한다. 무엇보다 '史'가 '母史, 栢史' 와 같이 말음절 /sï/를 보이는 단어들에서 문장의 성분과 관계없이 나타난다는 점은 이 차자가 순수한 음절 첨기자임을 확인해 준다.

'未(ㅁ+속격), 米(ㅁ+주격)' 와 같이 선행어간의 말음과 후행하는 접미사와의 연음을 표기하기 위한 차자들도 존재한다. 이들에 선행하는 명사 어간은 '心音, 夜音'과 같이 말음첨기자로 표시되는 것들이다. 즉 '心音矣'를 '心未'로 표기한 것으로 이 경우 '心'은 항상 말음첨기를 요구하는 어간이라고 볼 수 있겠다.[7] 반면에 무첨기 '春'은 속격형이와도 '春矣'로 표기될 것이라고 예측할 수 있다. '風'의 경우 향가 전체에서 '風未' 로 나타나는 한 경우만을 보이기 때문에 이 어간이 '風音'으로 표기될 수 있는 지는 단정하기 어렵다. 그러나 중세한국어에서 '바람'이 평성자이며 이는 거성자 '바·람(拔)' 과 음성적으로 구별될 수 있기 때문에, '風'은 단독으로 표기되었을 경우 '風音'로 나타났을 가능성이 높다고 하겠다.

'未, 米'가 용언 어간에 후행하는 용법, 예를 들어 〈제망매가〉에서 '此矣有阿[米]'는 분명 명사화 접미사 'ㅁ' 을 보여 주기 위한 것이며 동시에 이 명사구가 주어로 기능하고 있음을 알려준다. 이 역시 형태 확

---

7 〈도솔 3〉에는 "直等隱[心音矣]命叱使以惡只"와 같이 분철된 표기도 보이고 있다.

보 원리를 준수하여 표기한 예가 되는 것이다. 즉, '米'는 음소 'ㅁ' 외에 주격 형태를 아울러 표시하는 자소이다. 앞서 설명한 바와 같이 시가 향찰에서 주격형에 사용된 자소와 속격형에 사용된 자소는 각각 4등운과 3등운에 대응된다. 따라서 4등운인 '米'는 주격형을 표시하고, 3등운인 '未'는 속격형을 표시하는 자소로 인지할 수 있다는 점에서 시가 향찰의 운용 원리는 적어도 말음첨기와 기능형태소에 관한한 폐쇄 부류의 자소로 운용되는 문자 체계임을 확인할 수 있다.

시가 향찰에서 형태 확보의 원리는 매우 엄격하게 지켜질 뿐만 아니라 가장 기본이 되는 운용원리이다. 이는 고대인들이 표기법의 두 가지 태도, 즉 음소 표기와 형태 표기 중에서 형태 표기를 원칙으로 하여 표기 체계를 운용하였음을 의미한다. 말음첨기와 기능범주 표기는 형태 확보 원리의 하위 규칙으로서 이른바 훈주음종의 원리와 일자일음의 원리는 이와 같은 고대인들의 표기 원리에서 유추 가능한 해석적 원리라고 할 수 있다.

4. 역독 향찰

역독 향찰은 흔히 '석독구결釋讀口訣'로 불린다. 구결은 한문 원전에 우리말의 기능 형태소(즉 토吐)를 표시하여 원전을 읽기 쉽게 만드는 방법을 의미한다. 고대한국어 당시 초기 구결의 형태는 단순히 원전을 읽는 것에 그치지 않고 번역문의 수준으로 우리말 표현이 가능했기 때문에 특히 석독구결로 칭하게 된 것이다. 여기서는 석독구결이 번역문의 기능을 수행했다는 점을 강조하기 위해 역독 향찰로 부르기로 한다.

이러한 역독 향찰은 13세기 이전의 것으로 추정되는 「구역인왕경」의 낱장을 통해 처음 알려졌다. 「구역인왕경」 구결은 1973년 충청남도 문수사 소장의 금동여래좌상 복장유물로 발견되었다. 원래 이 불상은 1346년에 조성된 것이기 때문에 구결이 쓰인 연대는 그 이전으로 추정된다. 발견된 「구역인왕경」은 상권의 2·3·11·14·15장의 5매의 낱장으로 불사리를 싸기 위해 경전의 일부를 사용하였다.

역독 향찰은 원전에 읽기의 순서를 정하는 역독점과 각종 기능 형태소들을 약체화하여 표기한 방식을 보여준다. 이와 같이 원자로부터 약체자로 변화하는 과정은 일본의 가나 성립과 유사한 것으로 우리의 역독 향찰이 커다란 영향을 끼친 결과라고 볼 수 있다. 이와 같이 약체화된 구결자들이 정형화되는 역사적 과정을 생각해 볼 때 역독 향찰의 성립은 「구역인왕경」 구결보다 훨씬 이전의 전기 고대한국어 시기에 확립되었을 것이다.

혼히 설총이 "방언으로 구경을 읽었다."는 「삼국사기」46의 기록을 보면 구결의 성립은 설총이 활약하던 8세기까지 거슬러 올라갈 수 있다. 설총에 대한 이러한 기사는 설총이 단순히 구결이나 기타 차자 방법을 고안했다기보다는 당시 경전들에 대한 번역 사업을 수행한 것으로도 여겨지기 때문이다. 그렇다면 앞서 언급한 것처럼 역독 향찰과 서사 향찰은 불가분의 관계에서 발전하였다고 볼 수 있다. 13세기의 「구역인왕경」 구결이나 동시대의 역독 향찰들은 시가 향찰 못지않은 정밀한 표기 체계를 보인다. '有'의 표기에 'ㄴ'을 첨가하여 이것이 '잇다'의 표기임을 나타내는 형태 확보의 원리가 그대로 적용되는 예들이 그러하다.

역독 향찰은 이후 단순히 원전에 토를 다는 음독 구결로 발전하였으며, 한글 창제 이후에는 한글토가 사용되었다. 역독 향찰은 훈독 구결이라는 이름으로도 불린다. 이는 원전의 대상이 되는 한자의 뜻의 범위를 어디까지 잡느냐에 대한 해석적 차원의 문제에 불과하다. '有ㄴ'의 경우처럼 형태 확보의 원리가 완연히 적용된 경우는 훈독의 경우에 해당하고, '信行'과 같이 원전의 단어를 그대로 읽어야 할 때에는 음독의 경우에 해당하며, 그 뜻은 원전의 뜻의 범위와 일치한다. 이 경우 이를 '釋'의 범위에서 생각하기보다는 '譯'의 범위에서 생각하는 것이 좋을 듯싶다.

(8) 「구역인왕경」 구결의 예

    ＊ 밑줄은 오른쪽 구결 표시임. ' / '은 ' . '

    ㄱ. 원문: 無 ㄴㄱㅌㄴ 相/ 第一義ㄱ 無 ㄴㅎ 自/ 無 ㄴㅎ丷分 他作/

ㄴ. **독법**: 相無(叱隱飛叱) 第一義(隱) 自無(叱與) 他作無(叱與爲旀)

ㄷ. **해독**: 상 업ㅅ은ㅊ 제일의는 스스로 업ㅅ여 ㄴㅁ 지슨 업ㅅ여ㅎ며

ㄹ. **현대어**: 상이 없다는 것의 제일 뜻은 스스로도 없음이여 남 지은 바
　　　　도 없음이여 하며(하는 것이며)

　역독 향찰의 원문은 (8ㄱ)과 같은 형태로 되어 있다. 여기에는 원문
의 오른쪽과 왼쪽에 '．'이 찍혀 있는데, 오른쪽에 찍힌 점은 순독점이
고 왼쪽에 찍힌 점은 역독점이다. 여기에서는 보기 편하게 역독점을
'／'로, 순독점을 밑줄로 표시하였다. (8ㄱ)의 원문을 읽다가 역독점
을 만나면 그 원문을 읽은 다음 순독점 다음의 앞으로 가서 그곳의 원
문과 향찰 자소를 읽고, 순독점을 만나면 그대로 그 원문을 읽고, 다음
어절에 아무 표시가 없으면 다음 역독점이 나올 때까지 지나친다. 이
런 식으로 원문을 다시 배열하면 (8ㄴ)과 같이 된다. (8ㄴ)은 해석이
용이하도록 각 향찰 자소를 원자로 복원하여 보인 것이다.

　(8ㄴ)에서 '無叱'은 '없'의 어간이며 '은隱+ㅊ飛叱'은 동명사형 'ㄴ'과
'ㅊ'의 결합이다. 다시 'ㅊ'은 현재시제형의 'ㄴ'에 동명사형 'ㅅ'이 결합
된 것으로 보인다. 이 어형은 중세한국어에서는 발견되지 않지만 고
대한국어에서 'ㅅ'이 동명사형의 빈칸을 채우고 있었음을 암시한다.
'여與'는 연결어미의 고대적 사용이며 이는 중세한국어에서 공동격조
사가 중복되는 것처럼 다음 어절에도 똑같이 실현되고 있다. 'ㅎ爲+며
旀'는 선행하는 연결어미 구문을 아우르는 연결어미이다. 이와 같이
역독 향찰에는 중세한국어에서는 볼 수 없는 문형이 나타난다. 오히
려 시가 향찰보다 문장 범주 차원에서 의고적 특성이 강하다고도 볼

수 있다. 이러한 이유로 역독 향찰을 제대로 해석하기란 쉬운 일이 아니다.

향찰은 사용 목적에 따라 서로 다른 운용 원리를 보이기도 하고 같은 운용 원리를 공유하기도 하였다. 이는 각 향찰이 서로 다른 목적에 의해 사용되었지만 계기적 발전을 거치면서 다른 향찰의 방법을 채용하는 경우가 있었기 때문이다. 한문이 수입되면서 먼저 우리말의 명사를 표기하는 방법에 관심을 기울이다가 점점 한문을 읽고 번역하는 문제로 발전하는 가운데 역독 향찰이 발전하면서, 이를 응용한 서사 표기와 시가 표기가 발전하였다고 볼 수 있다.

향찰은 우리 고유의 문자로 한자의 음과 훈을 자소로 하는 표어문자에 가까운 것이라고 할 수 있다. 각각의 향찰들은 체계적인 운용 원리인 형태 확보의 원리를 가지고 음독과 음차, 그리고 훈독과 훈차에 의한 방법으로 표기법을 운용하였는데, 이때 사용된 자소들은 표기 체계가 정밀해지면서 특정 한자들을 한정하여 고대한국어의 음소 체계에 맞게 체계적으로 운용한 사실도 보여준다.

초기의 향찰로는 금석문에 쓰이기 위해 역독 향찰의 어순 배치의 방법을 응용한 〈임신서기석〉이나 여기에 약간의 형태 요소를 가미한 금석문 표기들이 있었다. 이후 주술적인 서정시라고 할 수 있는 신라의 향가를 표기하기 위한 전면적인 시가 향찰이 등장하기도 하였다. 그런데 신라가 통일 이후 중세 사회로 진입하면서 향찰의 주술성을 기반으로 하는 언어신성관이 사라지게 되면서, 전면적이며 정밀한 문자 체계인 시가 향찰이 쇠퇴하게 되었다. 이후 향찰은 서리들이 실용적으로 사용하기 위한 이두로 발전하였는데, 쉬운 한문 표현에 한국어의 기능 형태소들을 투식적으로 연결한 표기 방법을 보여준다.[8]

역독 향찰은 「구역인왕경」 등과 같은 불경에서 주로 발견되며, 이후 일본의 가나 성립에 주요한 영향을 끼친 표기 방법이다. 그러나 유교의 발전과 더불어 한문을 중심으로 한 언어권위관이 보편화되면서 원전 번역에 해당하는 역독보다는 단순히 경전의 내용을 암기하거나 이해하기 위한 음독 구결의 형태로 발전하였다. 이와 같은 차자표기의 발달은 훈민정음의 성립에도 중요한 역할을 수행하였다. 사잇소리인 'ㅅ'의 성립이 '叱'의 용법에서 비롯된 것도 이와 유관하다.

---

8 한글 창제 이전에 발간된 「대명률직해」(1395)는 이두로 명나라의 법전인 「대명률」을 번역한 책이다. "在逃人亦身故爲去等(도망간 죄인이 죽었거든)"과 같은 표현을 보면 한문적인 요소와 투식적인 요소가 반영된 모습을 잘 알 수 있다.

4장
훈민정음의 창제

한국어의 역사와 문화

1. 훈민정음 창제의 동기

훈민정음은 1443년 조선의 네 번째 임금 세종에 의해 창제되었다. 한 나라의 왕이 문자를 만들었다는 사실이 별로 미덥지 않기 때문에, 한글은 집현전 학자들이 공동 연구한 결과라고 생각하는 사람들이 많다. 그러나 세종은 문자 창제를 주도할 만큼 훌륭한 언어학자였으며 당시의 어떤 학자보다도 뛰어난 음운론자였다. 그렇기 때문에 훈민정음 창제의 공을 세종 개인에게 돌리는 데는 충분한 이유가 있다.

훈민정음은 과학적인 문자라고 널리 알려져 있다. 사실 특정 언어 사회에서 별 불편 없이 통용되는 모든 문자들은 과학적이라고 할 수 있다. 그런데도 훈민정음만이 유독 과학적이라는 수사를 달게 된 것은, 제작자가 분명하고 제작 원리가 구체적으로 밝혀져 있을 뿐 아니라 그 원리가 되는 언어 이론이 심오하고 치밀하기 때문이다. 이러한 이유로 훈민정음은 한민족의 자랑스러운 과학 유산일 뿐 아니라, 인류의 위대한 지적 성취 중 하나라고 하여도 손색이 없다.

훈민정음 창제의 동기는 「훈민정음」 서문에 잘 나타나 있다. 첫째는 한국어와 중국어가 서로 음성 체계가 달라 한문으로는 이들을 잘 포섭할 수 없었다는 것이고, 둘째는 한문이 어려워 백성들이 자신의 표현 욕구를 정당하게 충족할 수 없었던 언어 현실을 극복하기 위한 것이었다. 여기에는 위대한 과학자로서 세종의 합리적인 의지가 잘 함축되어 있다. 한 마디로 훈민정음은 근대적 과학 정신에 충만한 결정물이라고 할 수 있다. 다만 아쉬운 것은 훈민정음 창제 후 약 400 여 년 동안 국가의 공식 문자로 인정될 수 없었다는 사실이다. 이는 당시의 지배층의 논리에 의한 것이지 세종 자신의 의지와는 상관없는 일이다.

한문은 당시 통용되던 중국어를 표현한 문자가 아니라, 사어가 된 옛 한어를 표현하는 문어 문자이다. 문자의 분류로 보면, 음성 전사 문자가 아니라, 개념 전사 문자에 해당한다. 각기 다른 음성 형식의 언어 사용자들도 한문으로는 서로 의사소통이 가능하였으므로, 한문은 중세 시대의 국제 언어로서 중요한 위치를 차지하고 있었다. 그러나 한문으로 개별 언어들을 표현하기에는 개념 전사 문자로 발전된 한문의 한계가 있었다. 한문을 구성하는 자소인 한자는 음절이 최소 단위를 이루며, 이 음절들의 숫자는 개방적이어서 수천에서 수만의 한자를 알아야 제대로 된 의사소통이 가능하기 때문이다.

한자가 아무리 개념 전사 문자라고 하더라도, 문자인 이상 각각의 낱글자를 읽기 위해 이들을 특정한 음가에 대응시켜야 한다. 즉 '天'을 '천'이라고 읽는다는 약속이 전제되는 것이다. 그런데 이 '天'은 중국어로 '티엔'이라고 읽기 때문에, 한문으로 의사소통하는 것은 구어로서의 의미보다는 '필담'에 의한 문어적 소통을 의미한다. 중국 내에서도 방언들마다 각 한자의 음가가 다르기 때문에, 통일 왕조가 나타날 때마다 한자의 표준음을 내세우는 일이 필요하였다.

우리나라도 이 영향을 받아 한국 한자음의 표준을 정하는 일이 주요하게 인식되었다. 이 때, 표준음을 중국의 표준음에 얼마나 가깝게 잡아야 하며, 현실적인 한국 한자음을 얼마만큼 수용할 것인가에 대한 논란이 있게 마련이다. 이러한 논란은 오늘날 한국어의 로마자 표기에 대해서도 마찬가지이다. 그런데 훈민정음 창제 당시 한자의 표준음을 표시하는 방법은 전통적인 반절反切에 의존하고 있었는데, 이러한 방법으로는 절대적인 음가를 정확히 표현하는데 한계가 있었다. 이러한 불합리는 근본적으로 국제적인 표음 기호 체계를 확립해야만 해결될 수 있는 것이다.

훈민정음의 창제는 바로 이러한 인식으로부터 촉발된 과학자의 창의적인 의지에서 시작되었다. 세종은 개념 전사 문자로부터 음성 전사 문자로의 이행으로, 중세 국제 사회 문자 생활의 새로운 프로토콜을 제시할 필요를 느꼈을 것이다. 한글이 단순히 한국어의 음소 체계만을 수용하는 것이 아니라, 중국어의 음소들도 표현하도록 고안되었다는 것은 이를 입증한다고 하겠다. 세종의 이러한 생각은 중국 표준을 당연한 것으로 생각한 당시의 중세적 세계관에 비추어 볼 때 가히 혁명적인 것이었으며, 이러한 혁명적인 사고를 조선의 유생들이 수용하기란 매우 어려웠을 것으로 상상할 수 있다.

세종도 시대적 한계를 넘어서기 어려웠을 텐데 유독 그만이 중국에 대한 이원 표준을 주장한 이유는 무엇일까? 이는 세종이 근본적으로 합리적 과학 정신에 집중한 결과라고 할 수 있다. 사실 개방형 음절 문자인 한자로 각각의 한자음을 표현한다는 것은 그 자체가 불합리성을 내포하는 것이다. 세종은 이를 국제적인 음성 기호를 정함으로써 해결할 수 있다고 보았으며, 이를 이용하여 한국어를 표현하면 정보의 대중적 확산을 통하여 이제 막 출범한 신흥 국가인 조선의 새로운 통치 체계를 구축할 수 있다고 본 것이다. 어떤 면에서 보든지 세종의 훈민정음 창제는 현상의 불합리를 극복하려는 근대적 과학 정신의 귀결이다.

훈민정음은 그 자체로 근대정신의 상징으로 충분한 것이다. 그러나 창제 이후 400여 년간 공식문자로 행세하지 못한 점은 무척 아쉬운 부분이다. 그러나 훈민정음은 20세기에 들어 한글이라는 새 이름을 얻으면서 한민족을 현대 역사의 주역으로 끌어올리는 일등공신이 되었다. 한글은 크고 위대한 글이라는 뜻으로 참으로 자랑스러운 우리 민족의 문화유산이 아닐 수 없다. 세계에 자랑할 만한 것으로 첫째로 꼽을 수 있는 것이 무엇인가 묻는다면 누구라도 한글을 들지 않을 수 없을 것이다. 그런데 이 자랑스러운 한글에 대해 제대로 알고 있는 사람은 그리 많지 않다. 많은 사람들이 오해하고 있는 한글에 대한 잘못된 인식은 다음 세 가지로 요약할 수 있다.

첫째, 한글과 한국어를 혼동한다.

해마다 한글날이 되면 많은 사람들이 한글 사랑을 외치지만, 실제로는 한국어 사랑을 말하는 경우가 많다. 매스컴에서조차 "세종대왕께서 오늘 한국어 오염 실태를 보신다면 얼마나 개탄하실까?"라는 표현도 볼 수 있고, 심지어는 "한글을 세계 공용어로 삼자."라는 앞뒤가 맞지 않는 주장도 볼 수 있다. '한글'은 세종대왕이 창제한 문자의 이름이며 영어의 알파벳에 해당한다. 이에 대해 한국어는 영어, 프랑스어, 스페인어 등과 같은 자격을 가지는 언어의 일종이다. 한국어를 보통 한글로 적고, 영어를 알파벳으로 적는 경우가 많기 때문에 이런 혼동이 생기는 것이다. 만약 어떤 사람이 "알파벳을 우리말로 삼자."고 주장한다면 좀 우습다는 생각이 들 것이다. 그런데도 평생을 한글 사랑,

우리말 사랑에 온 정성을 쏟은 사람들 가운데도 두 말을 혼동하는 경우가 있을 정도이니 좀 심각한 문제가 아닐 수 없다.

둘째, 한글이 세계에서 가장 우수한 글자라고 생각한다.

많은 사람들이 한글이 세계에서 가장 우수한 글자라고 생각한다. 한글이 유일무이한 세계 최고의 문자라고 여기고 있고, 또 그렇게 생각하도록 부추기는 주장들을 흔히 접하기 때문이다. 한글이 참으로 자랑스럽고 훌륭한 문자이기는 하지만, 가장 우수하다거나 최고라고 말할 수 있는 것은 아니다. 그렇다고 어떤 다른 문자가 최고라고 생각할 필요도 없다. 사실 최고의 문자는 없다. 제 나라 말을 적는 데는 전통적으로 사용해 온 문자를 가장 편하게 생각하는 것이 보통이다. 얼마 전 어느 국제학술대회에서 중국인 교수 한 분이 한자가 영어 알파벳보다 우수하다고 주장하는 것을 보았다. 한글이 매우 창조적이고 혁신적인 문자라고 해도, 한자를 능가하는 문자로 여기기도 싫었을 뿐 아니라 드러나게 말하기는 더더욱 어려웠을 것이다. 우리가 한글을 세계 최고의 문자라고 생각할 때 다른 나라 사람들이 이를 쉽게 수긍하기 어렵다는 것을 배려할 필요가 있다.

언어에 우열이 없듯이 문자에도 우열이 있을 수 없다. 다만 한글은 그 창제 과정이 독창적이고 문자 체계가 과학적이라는 사실은 언제나 자랑할 만하다. 영어 알파벳은 오랜 역사를 거치면서 수많은 사람들이 다듬어 온 문자이며 현대 디지털 문명을 선도하는 문자이다. 따라서 지구상의 많은 사람들이 알파벳을 사용하고 있는 현실은 너무도 당연한 결과이다. 또한 알파벳이 한글에 비해 이런저런 장점이 있는 것도 사실이다. 각 문자마다 나름대로의 장점이 있고 또 상대적인 단점도 있다는 뜻이다.

셋째, 한글은 세종대왕 혼자서 창제한 것은 아니라고 생각한다.

아직도 세종대왕 혼자 창제한 것이 아니라고 생각하는 사람들이 있다면 독창적 발명이라는 것이 무엇인가에 대해 곰곰이 생각해 볼 필요가 있다. 다행스럽게도 요즘은 한글 창제의 주인공으로 세종대왕을 생각하는 사람들이 늘고 있다. 그런데 얼마 전까지만 해도 세종대왕과 집현전 학자들의 공동 창작이라든지 옛날에는 새로운 발명을 임금님이 공로로 돌렸다든지 하는 잘못된 주장들이 설득력 있게 받아들여지기도 했다. 발명의 공로는 한마디로 독창적인 아이디어를 처음 제공한 사람이 누리는 법이다. 수많은 과학자들이 원자력의 발전에 기여했지만 상대성 원리를 창안한 아인슈타인 박사가 원자력의 아버지임을 부정할 사람은 아무도 없을 것이다. 당시 조선에는 세종대왕을 능가하는 언어학자가 없었으며, 창제 당시 한글의 이름이면서 창제 원리를 설명한 책인 「훈민정음」이나 왕조의 역사를 자세히 기록한 「조선왕조실록」 등의 기록을 보면 한글의 창제자가 세종대왕임은 쉽게 알 수 있다. 더구나 세종대왕은 중세적 권위주의와 중국 중심의 세계관 속에 살고 있던 많은 신하들의 반대를 무릅쓰고 한글 창제를 단행한 결단력 있는 성군임을 잊지 말아야겠다.

세종이 훈민정음을 창제하기로 한 것은 앞에서도 언급하였듯이 한자로 우리말을 적는 데 대한 불합리성을 극복하고 오히려 한자음을 표기하는 국제적 표음 체계를 확립하는 것이 첫째였다. 그 다음으로는 정보의 대중화를 통해 통치 기반을 확립하고 이를 통해 대중의 정보 확산 욕구를 해소하는 데 있었다. 한글 창제 당시에 많은 지배 관료들이 한글 창제를 반대하였다. 그들이 한글 창제를 극력 반대한 것은 중국 중심의 중세적 세계관에 사로잡혀 한글의 근대성을 제대로 이해하지 못했기 때문이었다.

　수구 보수 세력이 한글 창제를 반대한 근본적인 이유는 '사대모화'로 대표되는 당시 중세적 철학과 세계관에 젖어 있었기 때문이다. 당시 한국 지배층은 한문을 사용하여 문자 생활을 영위하였다. 이는 동서양을 막론하고 중세 시대에서는 당연한 일이다. 유럽의 중세에서도 이미 사어가 된 라틴어가 정치·학문을 위한 유럽 공용어로 통용된 것도 이러한 사정에 의한 것이다. 따라서 당시의 시대적 환경에서 한글 창제는 중세의 유교적 세계관에 비추어 볼 때 중국과 별개의 독자 노선을 걷겠다는 의미로 받아들여지는 것으로 용납될 수 없는 일이었다. 중국으로부터 충분히 외교적 오해를 살 만한 일이었음은 물론이다. 그러기 때문에 당시 지배 관료를 대표하는 '최만리 상소'가 지방의 말에 따라 따로 문자를 만드는 일은 '이적의 일'임을 주장하는 것은 너무나도 당연한 일이었다. 각국의 말에 따라 따로 문자를 만든다는 것 자체가 중국 중심의 중세 의식에 비출 때 권력의 분권 의식을 의미하는 것이기 때문이다.

　중세 유럽에서 라틴어 성경만이 존재하다가 종교 혁명을 통해 각 언어의 성경 번역이 이루어져서 이 언어들을 중심으로 근대 민족주의 국가가 성립된 것을 이해하면, 한글 창제가 중국 중심의 중세 시대에 도

전으로 여겨질 만도 하다. 세종은 비밀리에 독자적인 천문 관측을 시도하기도 하였는데, 이 모두 같은 맥락에서 이해된다.

세종과 최만리 등의 보수 학자들은 이두를 어떻게 규정하는 가에 대해서도 서로 다른 견해를 보였다. 세종은 이두나 한글이 다 같이 한국어를 표현하는 글자이기 때문에 이두가 통용되는 것처럼 한글이 통용될 수 있음을 주장한 반면, 보수 학자들은 이두는 한자를 사용하기 때문에 한문화 발전에 기여할 수 있지만 한글은 그럴 수 없다는 점을 집요하게 지적하였다. 최만리는 운서 편찬에 대해서도 "가볍게 옛 사람이 이룩한 운서를 고치고 근거 없는 언문을 부회"하는 것을 지적하였다. 그러나 이는 세종이 지적하였듯이 보수 학자들이 당시의 음운 이론인 성운학을 제대도 이해하지 못하여서 생긴 문제에 불과하다. 사실 중국은 명의 통일로 「홍무정운」이라는 운서를 편찬하였는데, 운서 편찬은 통일 왕조의 주요 사업이기 때문이다. 이와 같은 관점에서 세종이 「동국정운」과 같은 운서를 편찬하려는 일은 한국 한자음을 따로 제정하려는 시도로 이해될 수 있었다. 이러한 행동은 중국 중심의 세계관에서 일탈된 행동으로 보이기 때문에 '근거 없는 언문을 부회'한다고 한 것이다.

한글 창제에서 무엇보다 중요한 점은 「훈민정음」 정인지 서에서 드러나듯이 "슬기로운 사람은 하루아침을 마치기도 전에 깨우칠 수 있고, 어리석은 이라도 열흘이면 배울 수 있는" 쉬운 글자라는 데 대한 자부심이다. 이를 통해 "송사를 듣더라도 그 사정을 가늠"할 수 있다는 것은 이와 같이 쉬운 글자를 통해 많은 사람들이 정보 전달의 혜택을 누릴 수 있다는 점을 역설하고 있다. 즉 상층 지배 관료들이 독점하고 있는 정보의 확산이야 말로 이상적인 유교 국가를 건설하는 데 핵심적인 요소라고 이해한 것이다. 이와 같이 세종은 시대를 뛰어 넘는 시대 의식을 가졌기 때문에 당시의 권력층의 생각과 달리 왕가의 비밀 사업으로 한글 창제를 시도했던 것이다. 이제 오늘의 역사는 그들을 어떻게 평가할 것인가? 결국 논쟁의 핵심적 부분은 구한말의 개화 논쟁으로 이어지게 되며, 오늘날에는 세계화나 국제화에 대한 갈등으로 연속되고 있다.

　세종의 시대 의식은 오늘날 어떻게 평가되어야 하는가? 역사의 논쟁은 역사적 인물들의 잘잘못을 따지기 위한 것이라기보다는 그들의 고민이 오늘의 문제에 어떻게 반영되어야 하는지를 논의하기 위한 것이다. 무엇보다도 중요한 것은 당시의 시대적 환경에 대한 사실 인식이며 이를 바탕으로 과연 어떤 세력이 미래를 위한 진정한 목적의식을 가졌는지 판단하는 것이다.　당시 집권 계층의 집요한 반대에도 불구하고 한글문화가 오늘의 역사를 주도하게 된 것은 결국 세종의 시대를 앞서 간 결단 때문이 아닐까?

2. 훈민정음 예의와 해례의 내용

「훈민정음」은 크게 예의와 해례로 크게 나눌 수 있다. 원본의 「훈민정음」은 국보 70호로 지정되었을 뿐 아니라 유네스코 세계 기록 유산으로도 지정되어 있다. 1940년에 발견된 원본은 현재 간송미술관에 소장되어 있는데, 목판본의 2권 2책으로 정확한 출간 연대는 잘 알 수 없으나 1446년 반포 당시의 원본으로 추정하고 있다. 예의 부분은 「세종실록」과 「월인석보」에 나와 있어 그 내용을 이미 알 수 있었으나, 해례 부분은 1940년 발견 이후에 세상에 알려지게 되었다. 해례가 발견됨으로써 그간 훈민정음의 창제 방법에 대한 구구한 설들이 발음 기관 상형설로 정리되는 계기가 되었다.

「훈민정음」 예의는 세종대왕의 서문과 문자의 음가 및 그 운용 방법으로 이루어져 있다. 이에 대해 해례는 예의에 대한 해석을 다룬 것으로 제자해, 초성해, 중성해, 종성해, 합자해의 5해와 1예로 구성되어 있으며 말미에 정인지의 서문을 실었다. 정인지 서문에 따르면 예의는 세종이 직접 지은 것으로 추정된다. 해례는 세종의 명을 받아 정인지. 박팽년. 신숙주, 성삼문, 최항, 강희안, 이개, 이선로 등의 집현전 학사들이 집필한 것으로 밝혀져 있다. 정인지의 서문에는 「훈민정음」 해례의 발간을 1446년 9월 상순으로 밝히고 있으며, 이 날을 기준으로 지금의 한글날을 삼고 있다.

「훈민정음」의 예의는 다음과 같다.

　(1) 예의

　　〈서문 한문본〉

　　國之語音·異乎中國·與文字不相流通. 故愚民·有所欲言而終
　　不得伸其情者·多矣. 予·. 爲此憫然·新制二十八字·欲使人
　　人. 易習·便於日用耳

　　〈서문 국역본〉

　　나랏말쏘미 듕귁에 달아 문쭝와로 서르 스뭇디 아니홀씨 이런
　　젼ᄎ로 어린 빅셩이 니르고져 홇 배 이셔도 ᄆ춤내 제 ᄠᅳᆮ 시
　　러 펴디 몯 홇 노미 하니라 내 이를 윙ᄒᆞ야 어엿비 너겨 새로 스
　　믈여듧쭝를 밍ᄀᆞ노니 사름마다 히여 수비니겨 날로 ᄡᅮ메 뼌한
　　킈 ᄒᆞ고져 홇 ᄯᆞᄅᆞ미니라

　　〈문자의 소리〉

　　ㄱ. 牙音 如君字 初發聲 並書 與虯字 初發聲

　　ㅋ. 牙音 如快字 初發聲

　　ㆁ. 牙音 如業字 初發聲

　　ㄷ. 舌音 如斗字 初發聲 並書 如覃字 初發聲

　　ㅌ. 舌音 如呑字 初發聲

　　ㄴ. 舌音 如那字 初發聲

　　ㅂ. 脣音 如彆字 初發聲 並書 如步字 初發聲

　　ㅍ. 脣音 如漂字 初發聲

ㅁ. 脣音 如彌字 初發聲

ㅈ. 齒音 如卽字 初發聲 並書 如慈字 初發聲

ㅊ. 齒音 如侵字 初發聲

ㅅ. 齒音 如戌字 初發聲 並書 如邪字 初發聲

ㆆ. 喉音 如挹字 初發聲

ㅎ. 喉音 如虛字 初發聲. 並書 如洪字 初發聲

ㅇ. 喉音 如欲字 初發聲

ㄹ. 半舌音 如閭字 初發聲

△. 半齒音 如穰字 初發聲

ㆍ. 如呑字 中聲

ㅡ. 如卽字 中聲

ㅣ. 如侵字 中聲

ㅗ. 如洪字 中聲

ㅏ. 如覃字 中聲

ㅜ. 如君字 中聲

ㅓ. 如業字 中聲

ㅛ. 如欲字 中聲

ㅑ. 如穰字 中聲

ㅠ. 如戌字 中聲

ㅕ. 如彆字 中聲

〈문자의 운용〉

終聲. 復用初聲. ㅇ 連書 脣音之下. 則爲脣輕音

初聲合用則 並書. 終聲同. ·ㅡㅗㅜㅛㅠ. 附書初聲之下.

ㅣㅏㅓㅑㅕ. 附書於右. 凡字必合而成音.

左加一點則去聲. 二則上聲. 無則平聲. 入聲 加點同而促急.

「훈민정음」 예의에서는 먼저 각 문자의 형태와 음가를 설명한다. 자음의 경우 각 소리의 조음 위치와 그 음가, 그리고 한자음의 예시를 들었고, 모음의 경우에는 한자음의 예시만 들었다. 다음 문자의 운용에서는 '종성부용초성'의 원리와 연서, 병서 그리고 자음과 모음을 어울려 쓰는 방법에 대해 설명하고 방점의 종류와 그 의미를 간략히 설명하였다.

예의의 내용만 보더라도 한글을 쓰고 읽는 데는 아무런 문제가 없다. 그런데도 해례를 통하여 각 글자가 어떤 방식으로 만들어지고 그 예시는 어떠한지에 대해 자세히 기술해 놓은 것은 이 새로운 글자를 일반인들이 더 잘 이해하고 사용할 수 있도록 세세한 설명을 베풂과 동시에 훈민정음에 대한 자부심을 천명하기 위한 것으로 보인다.

세종의 훈민정음 창제에 간여한 여러 학자들은 이후 신문자의 성공적인 운용을 위한 각종 언해서와 운서를 편찬한다.[1] 「용비어천가」나 「월인석보」와 같은 언해서와 「동국정운」과 같은 운서 편찬이 그 예이다. 언해서는 모두 한문본을 국역함으로써 문자 운용의 실제적인 방법을 실험하기 위한 것이라고 할 수 있다. 즉 한문의 국역을 통해 실제 한글의 표기법이나 관련된 형태규칙과 문체를 서로 이해하고 사

---

[1] 이들은 주로 집현전의 신진 학자들로 한국어학사에서 가장 빛나는 업적을 남긴 연구 집단이다. 세종을 포함하는 이 연구 집단은 '정음음운학파'로 불리기도 한다.

용자들에게 알리기 위한 하나의 모범을 제시하려는 의도가 있었다는 말이다. 「동국정운」의 편찬은 기본적으로 당시의 한국 한자음에 대한 표준을 정하기 위한 것으로 이상적인 원음 표기와 현실 한자음을 절충한 것이지만 그래도 이상적인 음가와 '삼성합음'의 원칙은 현실적으로 지켜질 수 없는 것이었다.

한글 창제 초기만 해도 한글을 음소 기준으로 적어야 할지 형태 기준으로 적어야 할지에 대한 논의는 끊이지 않았던 것으로 보인다. 예의 원문에는 '終聲復用初聲'이라 하여 원칙적으로 받침으로 올 수 있는 글자에 제한을 두지 않았으나, 해례에서는 '八終聲可足用'을 설명하여 음소 위주의 표기가 가능하도록 하였다. 초기의 문헌인 「용비어천가」, 「석보상절」 등에는 이 팔종성가족용 원칙이 적용되었으나 문헌 중간에는 '곳됴코, 믈깊고' 등과 같이 종성부용초성의 원칙을 지킨 예들도 보인다. 그러나 「월인천강지곡」은 형태 위주의 표기를 중심으로 서술되었다. 즉 "눈에 보논가, 법을 니르시니"와 같이 어간 형태와 기능범주를 분리하는 것을 기본적인 운용 원리로 삼은 것이다. 이러한 방법은 시가 향찰의 형태 확보 원리를 계승한 것으로 20세기 현대 한국어의 맞춤법 통일안에도 영향을 끼치게 되었다.

(2) 해례

〈정인지의 서문〉

천지자연의 소리가 있으면 반드시 천지자연의 문자가 있는 법이다.

그러므로 옛 사람이 소리에 따라 문자를 만들어

만물의 정과 통하고 삼재의 도리를 기록할 수 있게 되니

후세 사람이 쉽게 바꿀 수 있는 것은 아니다.

그러나 세상의 풍토가 다르듯

소리의 기운 또한 이를 따라 다른 것도 사실이다.

대개 중국 이외의 말은 소리는 있으나 이를 표현할 문자가 없었다.

중국의 문자를 빌어 통용하려고 했으나

이는 오히려 둥근 구멍에 모난 자루를 낀 것과 같아

어찌 능히 통하여 막힘이 없을 수 있겠는가.

요컨대 각자 살고 있는 곳에 따라 편하게 할 것이지,

억지로 같이 사용할 수는 없는 것이다.

우리 동방은 예악과 문장이 중국에 견줄만하나

우리가 쓰는 말은 중국과 같지 않다.

글 배우는 이는 그 뜻을 깨치기 어려워 근심하고

옥사를 다스리는 이는

그 곡절을 통하기 어려워 고심했다.

옛날, 신라의 설총이 처음으로 이두글자를 만들었는데,

관청과 민간에서는 이제까지도 그것을 쓰고 있다.

그러나 이는 한자를 빌어서 쓴 것이라 혹 어색하고 혹 들어맞지 않는다.

비단 속되고 이치에 맞지 않을 뿐만 아니라,

예삿말을 적는 데는 만분의 일도 표현하기 힘들다.

계해년 겨울에 우리 전하께서 정음 28자를 창제하시고,

간략하게 예의를 들어 보이시고 이름을 훈민정음이라고 지으셨다.

꼴을 본떠 글자를 만드시되 고전(古篆)을 본받은 것이라

말소리의 음은 7조에 맞추고

삼재의 뜻과 음양의 묘를 모두 헤아린 것이다.

28자만으로도 전환이 무궁하여

간단하면서 필요한 것을 모두 갖추고

세밀하면서 모든 것을 표현할 수 있다.

슬기로운 사람은 하루아침을 마치기도 전에 깨우칠 수 있고,

어리석은 이라도 열흘이면 배울 수 있다.

이로써 책을 해석하면 가히 그 뜻을 알 수 있고,

송사를 들으면 그 실상을 가늠할 수 있다.

자운은 청탁이 능히 구별되고, 노래도 가락이 고르게 되니

쓰고자 하는 곳에 갖추어지지 않은 바가 없고,

쓰이는 곳마다 통달하지 않는 것이 없으므로

바람소리, 학의 울음소리, 닭 우는 소리, 개 짖는 소리를 모두 적을
수 있다.

전하께서 자세한 해석으로 여러 사람들을 가르치라고 분부하시니,

이에 신(臣)은 집현전 응교 최항, 부교리 신 박팽년, 신 신숙주, 수
찬 신 성삼문, 돈녕부 주부 신 강희안, 행집현전 부수찬 신 이개, 신
이선로 등과 더불어

삼가 여러 해와 예를 지어 개요를 서술하고,

보는 사람으로 하여금 스승이 없어도 스스로 깨우칠 수 있도록 하
였다.

그러나 그 깊은 연원이나, 자세하고 묘한 깊은 이치에 대해서는,

신들이 능히 펴 나타낼 수 있는 바가 아니다.

공손히 생각하옵건대

우리 전하께서는 하늘이 내신 성인으로

지으신 법도와 베푸신 시정 업적이 백왕을 초월하시니,

정음을 지으심에도 어떤 모형을 따르지 않으시고 자연으로 이룩하

신 것이다.

그 지극한 이치가 닿지 않는 곳이 없으니

어찌 사람이 사사로이 이룬 것이라 하겠는가.

대저 동방에 나라가 있음이 오래 되지 않음이 아니나,

개물성무(開物成務)의 큰 지혜는 대개 오늘을 기다리심이 아닌지.

정통 11년 9월 상한, 자헌대부 · 예조판서 · 집현전 대제학 · 지춘추

관사 · 세자 우빈객, 신 정인지는 두 손 모아 절하고 머리 조아려 삼

가 씀.

〈제자해의 예〉

正音二十八字 各象其形而制之.

初聲凡十七字 牙音ㄱ 象舌根閉喉之形. 舌音ㄴ 象舌附上腭之

形. 脣音ㅁ 象口形. 齒音ㅅ 象齒形. 喉音ㅇ 象喉形. ㅋ比ㄱ 聲

出稍厲 故加劃. ㄴ而ㄷ ㄷ而ㅌ ㅁ而ㅂ ㅂ而ㅍ ㅅ而ㅈ ㅈ而ㅊ

ㅇ而ㆆ ㆆ而ㅎ 其因聲加劃之義皆同. 而唯ㆁ爲異. 半舌音ㄹ 半

齒音△ 亦象舌齒之形而異其體 無加劃之義焉.

中聲凡十一字. · 舌縮而聲深 天開於子也. 形之圓 象乎天地. ㅡ

舌小縮而聲不深不淺. 地闢於丑也. 形之平 象乎地也. ㅣ 舌不
縮而聲淺. 人生於寅也. 形之立 象乎人也. 此下八聲 一闔一闢.
ㅗ與·同而口蹙. 其形則·與ㅡ 合而成. 取天地初交之義也. ㅏ
與·同而口張. 其形則ㅣ與·合而成. 取天地之用 發於事物 待
人而成也. ㅜ與ㅡ 同而口蹙. 其形則 ㅡ與·合而成 亦取天地初
交之義也. ㅓ與ㅡ 同而口張. 其形則·與ㅣ合而成. 亦取天地之
用 發於事物 待人而成也. ㅛ與ㅗ同而起於ㅣ ㅑ與ㅏ同而起於
ㅣ ㅠ與ㅜ同而起於ㅣ ㅕ與ㅓ同而起於ㅣ

〈초성해의 예〉

正音初聲 卽韻書之字母也. 聲音由此而生 故曰母.

如牙音君字初聲是ㄱ ㄱ與ㅜㄴ而爲군.

快字初聲是ㅋ ㅋ與ㅙ而爲쾌.

虯字初聲是ㄲ ㄲ與ㅠ而爲뀨.

業字初聲是ㆁ ㆁ與ㅓ而爲업之類.

舌之斗呑覃那(ㄷ, ㅌ, ㄸ, ㄴ)

脣之彆漂步彌 (ㅂ, ㅍ, ㅃ, ㅁ)

齒之卽侵慈戌邪 (ㅈ, ㅊ, ㅉ, ㅅ, ㅆ)

喉之挹虛洪欲 (ㆆ, ㅎ, ㆅ, ㅇ)

半舌半齒之閭穰(ㄹ, ㅿ) 皆倣此.

〈중성해의 예〉

中聲者 居字韻之中. 合初終而成音.

如呑字中聲是・. ・居ㅌ,ㄴ之間而爲튼.

卽字中聲是ㅡ. ㅡ居ㅈ,ㄱ之間而爲즉.

侵字中聲是ㅣ. ㅣ居ㅊ,ㅁ之間而爲침之類.

洪覃君業欲穰戌彆(ㅗ, ㅏ, ㅜ, ㅓ, ㅛ, ㅑ, ㅠ, ㅕ) 皆倣此.

〈종성해의 예〉

終聲者 承初中而成字韻.

如卽字終聲是ㄱ. ㄱ居즈終而爲즉.

洪字終聲是ㆁ. ㆁ居ᅘᅩ終而爲ᅘᅩᇰ之類.

舌脣齒喉皆同.

……

然 ㄱㆁㄷㄴㅂㅁㅅㄹ 八字可足用也.

如빗곶爲梨花. 엿의갗爲狐皮. 而ㅅ字可以通用. 故只用ㅅ字.

且ㅇ聲 淡而虛. 不必用於終 而中聲可得成音也.

〈합자해의 예〉

初中終三聲 合而成字.

初聲或在中聲之上. 或在中聲之左.

如君字ㄱ 在ㅜ上. 業字ㆁ 在ㅓ左之類.

中聲則圓者橫者在初聲之下. ・ㅡㅗㅛㅜㅠ 是也.

縱者在初聲之右. ㅣㅏㅑㅓㅕ 是也.

如呑字・ 在ㅌ下. 卽字ㅡ 在ㅈ下. 侵字ㅣ 在ㅊ右之類.

終聲在初中之下. 如君字ㄴ 在구下. 業字ㅂ 在어下之類.

〈용자례의 예〉

初聲

ㄱ 如 감爲柿(감), ·굴爲蘆(갈대).

ㅋ 如우·케爲未舂稻(벼), 콩爲大豆(콩).

ㆁ 如러·울爲獺(너구리), 서·에爲流凘(성에).

......

中聲

· 如 ·툭爲頤(턱), ·풋爲小豆(팥), 두리爲橋(다리), ㄱ래爲
楸(가래).

ㅡ 如·믈爲水(물), ·발·측爲跟(발뒤꿈치), 그력爲雁(기러
기), 드·레爲汲器(두레박).

ㅣ 如·깃爲巢(보금자리), :밀爲蠟(밀랍), ·피爲稷(피), ·키爲
箕(키).

......

終聲

ㄱ 如 닥爲楮(닥나무), 독爲甕(독).

ㆁ 如 :굼벙爲蠐螬(굼벵이), 올창爲蝌蚪(올챙이).

먼저 정인지의 서문을 살펴보면 훈민정음의 창제가 풍토와 지리의
다름에서 나타나는 언어와 문자 사이의 불합리를 제거하고, 한자를 가
지고 우리말을 적는 불편을 해결하는 데 목적이 있었음을 알 수 있다.
그리고 훈민정음은 세종이 단독으로 창제한 것으로 그 이전의 어떤 문
자와도 성격이 다른 독창적인 고안물임을 밝히고 있다. 제자해를 살

펴보면 자음의 경우는 발음기관 상형과 가획의 원리에 의해 창제하고 모음의 경우는 천지인을 상형하여 만들었을 뿐 아니라, 각 음가를 알 수 있는 설명을 덧붙였다. 이밖에도 해례에는 병서 및 연서, 그리고 부서의 예에 대해서도 설명하고 있어서 해례를 통하여 쉽게 훈민정음을 익힐 수 있도록 하였다. 병서에서는 우리말 경음을 표시하는 합용병서의 예와 아울러 종성도 병서할 수 있음을 설명하였다.

이체자는 'ㆁ, ㄹ, ㅿ'으로 상형에는 해당하나 가획의 뜻이 없는 글자를 말한다. 아음 'ㆁ'은 'ㄱ'과 조음 위치는 같지만 비음이므로 다른 아음과 소리의 성질이 달라 이체자로 삼은 것이다. 'ㄹ'은 설음 중에서 조음 방법이 다른 것이고, 'ㅿ'은 치음 중에서 유성음이므로 각각 설음과 치음을 가획한 글자가 아니다. 이와 같이 훈민정음의 창제는 매우 치밀한 고도의 음성학적 원리에 의해 조직된 것이다.

(3) 훈민정음의 조직

〈초성 17 자모의 체계〉

	牙音	舌音	脣音	齒音	喉音	半舌音	半齒音
全淸音	ㄱ	ㄷ	ㅂ	ㅅ/ㅈ	ㅇ/(ㆆ)		
次淸音	ㅋ	ㅌ	ㅍ	ㅊ	ㅎ		
全濁音	(ㄲ)	(ㄸ)	(ㅃ)	(ㅆ/ㅉ)	(ㆅ)		
不淸不濁音	ㆁ	ㄴ	ㅁ			ㄹ	ㅿ

〈합용병서〉

ㅲ, ㅳ, ㅄ, ㅵ, ㅺ, ㅻ, ㅼ, ㅽ, ㅴ, ㅵ

〈 모음 기본자 〉

· : 天圓, 縮, 深

ㅡ : 地平, 小縮, 不深不淺

ㅣ : 人立, 不縮, 淺

〈 모음 초출자 및 재출자 〉

ㅗ(闔),　ㅏ(張),　ㅜ(闔),　ㅓ(張)

ㅛ,　　ㅑ,　　ㅠ,　　ㅕ

　(3)에서 볼 수 있는 기본 자음 17자는 중국 성운학 이론에 입각하여 한국어의 음운 체계를 분석하여 얻은 것임을 알 수 있다. 그리고 이들을 발음기관 상형 및 가획의 원리에 입각하여 체계화한 것이다. 여기에 각자병서와 합용병서를 이용하여 우리말 및 한자음을 표시할 수 있도록 하였다.

　기본 17자 외에 들어 있는 각자병서 6자를 포함하면 「동국정운」의 23자모 체계와 정확히 일치한다. 각자병서는 중국의 전탁음을 표기한 글자로 실제의 한국어 표기에는 거의 사용되지 않았다. 반면에 합용병서는 한국어의 어두자음군이나 경음을 표기하기 위하여 따로 고안한 것으로 보인다. 다만 용자례에서는 'ㆆ'를 볼 수 없는데, 이는 'ㆆ'이 각자병서와 더불어 중국한자음 표기에 전용되었음을 말해 주는 것이다.

모음은 천지인의 원리에 의해 기본 3자를 정하고 이들을 각각의 음향감에 의해 분류하였다. 그리고 '·'를 중심으로 초출자와 재출자를 만들었는데, 이러한 방식을 계속 반복하여 한국어나 한자음 표시에 필요한 모음자를 계속 생산할 수 있다.

3. 세종의 근대정신과 훈민정음의 과학성

언어가 인간임의 필요조건이라면, 문자는 인간됨의 충분조건이다. 인간이면 누구나 언어생활을 영위할 수 있지만 모든 인간이 문자 생활을 영위하는 것은 아니다. 인간이 발전시킨 모든 문명은 문자를 근간으로 성장해 왔다. 문자는 생산된 지식을 효율적으로 전달하고 보전하기 위해 필요불가결한 도구이기 때문이다. 문명의 발전 과정에서 인간은 비효율적인 문자들을 자연스럽게 도태시키면서 다양한 문자들을 발전시켜 왔다. 현재 대부분의 문명사회에서 사용하는 문자들은 대개 수메르나 이집트 문자와 같은 고대 문자로부터 수많은 사람들과 여러 문명을 거치면서 발전한 알파벳 문자이다.

알파벳 문자는 여러 세기에 걸친 인류의 지혜가 모아진 결정체이기 때문에 많은 나라와 민족들이 알파벳 문자를 채택하고 있는 것은 어쩌면 당연한 귀결이다. 이에 비해 한글은 1443년 동양의 작은 나라인 한국에서 '세종대왕'이라는 한 개인의 과학적 연구 결과로 탄생하였을 뿐 아니라, 20세기 초반까지 한국의 문맹률을 거의 0으로 만들 만큼 배우기 쉬운 문자라는 점에서 세계적으로 주목받는 경이로운 문자이다. 한글은 과거의 문자들을 답습한 결과가 아니며 창제 당시 동양의 주요한 언어 이론인 성운학을 혁신한 결과물이라는 점에서, 한글 창제는 세계 언어학사의 한 획을 긋는 대표적 사건이라고 할 만하다. 그런데 이러한 사실들보다 더욱 놀라운 것은 문자 창제의 당사자인 세종이

품고 있던 근대적 합리주의 정신이다.

중국 중심의 중세적 세계관이 지배한 시대에서 당시 동양 문화권의 공용문자인 한자에 대해 한국어를 위한 새로운 문자를 만들어야 할 당위성을 생각한다는 것은 대부분의 사람들이 가지고 있던 가치관에 반하는 일이었다. 이는 어쩌면 독일어 성경을 번역(1545년)함으로써 중세 가톨릭에 도전한 마르틴 루터의 개혁 정신과 상통한다고도 하겠다. 세종은 당시의 가장 뛰어난 언어학자로, 중국의 '한자음'을 기술하는 성운학 이론이 근본적으로 '한자음'을 객관적으로 표현하는 데 한계를 지니고 있음을 잘 인식하고 있었다. 이를 해결하는 가장 좋은 방법은 음절 단위로 분절된 한자음을 낱개의 음소 단위로 나누는 '음소 문자'를 발명하는 것이었다. 그리고 이 음소 문자는 배우기 쉽고 기억하기 쉬운 형태가 되어야 했다.

세종은 당대의 지식인들과는 달리, 백성들이 문자 생활을 쉽게 영위할 때 통치가 더욱 더 쉬워지고 백성의 기본권이 보장될 수 있다고 생각했다. 이러한 세종의 개혁적 사상은 창제 당시 한글을 '훈민정음訓民正音'으로 명명한 데서 쉽게 읽을 수 있으며, 「조선왕조실록」에 기술된 '한글 창제를 반대한 신하들에 대한 세종의 논변'을 통해서도 확인할 수 있다. 과학자로서 세종이 보여준 합리주의는, 중세시대를 산 최초의 근대인으로 그를 기억하게 한다.

한글은 기본적으로 조음 위치와 조음 방법에 따라 다섯 개의 기본 자음을 각 자음이 발음되는 발성 기관의 형태를 본 따 만들었다. 여기에 가획과 병서의 원리에 따라 필요한 자음을 더하여 문자 체계를 확장할 수 있도록 하였다. 모음 역시 3개의 기본자를 합성하여 필요한 모음을 더하는 방법을 사용한다. 이러한 이유로 20세기 후반 한글은 음소 문자보다 한 단계 진전된 개념으로 '자질 문자'라는 이름을 얻기도 하였다. 음소라는 존재론적인 단위를 자질이라는 추상적이며 변별적인 단위로 분석하는 방법은 서구의 언어학사에서도 20세기 후반기로 들어서야 비로소 인지하게 된 것으로, 15세기에 이미 이를 이론적으로 정립하고 문자 발명에 응용한 세종의 독창성은 시대를 초월한 과학 정신의 승리라고 할 만하다.

한글에 비해 한자는 상형문자이면서 각 글자가 한 음절에 대응하는 음절 문자이다. 즉 '東'이라는 글자 하나가 한 음절 '동(dong)'에 해당한다. 그러나 한글의 한 음절 '동'은 'ㄷ+ㅗ+ㅇ'의 세 음소로 나누어지기 때문에 알파벳과 같은 음소 문자라고 하는 것이다. 그런데 당시 언어 이론인 성운학은 '東'을 'ㄷ(성모)+ㅗㅇ(운모)'와 같이 두 부분으로 나누어 보는 한계를 지니고 있었다. 한 음절을 두 부분으로 나누는 것과 세 부분으로 나누는 것 사이에는 엄청난 차이가 있다. 한 음절을 두 부분으로 나누면 대략 200여개의 기호로 1만개 안팎의 음절을 구별할 수 있다. 이에 비해 한 음절을 세 부분으로 나누게 되면, 현재의 한글 모아쓰기에서 알 수 있듯이 24개의 기호로 11,172개(=19*21*28)의 음절을 구별할 수 있다. 이런 점에서 세종대왕의 한글 창제 이론은 오늘날의 언어학 이론으로 볼 때도 매우 심오하고 놀라운 성과라고 할 수 있다.

한글의 각 글자 모양이 발음 기관을 본떠 만들었다는 사실은 「훈민정음」에 소상하게 설명되어 있다. 각 소리에 대한 글자를 만들기 위해 소리가 나는 발음 위치를 고려했다는 사실은 획기적이고 창조적인 발

상이 아닐 수 없다. 또한 각 낱글자들은 발음 위치가 같으면 가획하거
나 나란히 써서 비슷한 모양을 갖도록 하여 배우고 익히기가 쉽다.
‘ㄱ’과 ‘ㅋ’이 서로 비슷하고, ‘ㄷ’과 ‘ㄸ’이 서로 비슷하다는 말이다. 이
에 대해 영어 알파벳은 비슷한 발음인 ‘k’와 ‘g’, ‘m’과 ‘p’의 모양이 아
주 다르다.

세종은 음성 전사 문자를 개발하기 위하여 그 때까지 음성 이론의
대세인 음절의 이분법(이를 반절이라고 한다)을 극복하고 삼분법을
주장하였다. 즉 종성을 구성하는 음들이 초성과 동일하다는 ‘종성부용
초성’의 원리를 밝혀서 한글을 본격적인 음소 문자로 개발할 수 있었
다. 이러한 관찰은 당시 언어 이론인 성운학을 한 단계 끌어올린 것이
다. 또한 세종 시대 언어학자들(이들을 정음음운학파라도 부르기도 한다)
은 종성을 여덟 개만으로 표현할 수 있다는 것을 알았으며, 이를 표기
에 반영하도록 하였다. 이는 음의 중화에 의한 형태음소 사이의 변이
를 관찰한 것으로, 현대의 음운 이론에 비추어도 손색이 없는 것이다.

한글의 조직은 철저히 체계적인 음성 분류를 따르고 있다. 각 글자
들은 그들이 대응되는 음소가 소리 나는 위치에 의해 분류된다. 한글
을 구성하는 기본 글자인 ‘ㄱ, ㄴ, ㅁ, ㅅ, ㅇ’은 각각 어금니에서 나
는 소리, 혀에서 나는 소리, 입술에서 나는 소리, 앞니에서 나는 소리,
목구멍에서 나는 소리를 대표하며, 그 글꼴은 이들이 소리 날 때의 조
음 기관의 모양을 본뜬 것이다. 이 기본 글자들에 가획의 원리로 새로
운 글자들을 만들며, 가획된 글자와 기본 글자는 서로 음성적 유사성
을 가진다. 즉 ‘ㄱ’에 가획하여 ‘ㅋ’을 만드는데, ‘ㄱ’에 대하여 ‘ㅋ’은
음성적으로 유사하며 ‘ㄱ’에 대하여 ‘유기성’을 더한 것이다. 이와 같

이 유기성을 더한 뜻이 가획이라는 시각 기호로 표현되었다는 것은 가획을 현대 음성 이론의 중심 개념인 '자질'로 파악하게 한다. 즉 'ㄱ'이 [무성음, 연구개음]과 같은 조음 자질을 가진다면, 'ㅋ'은 여기에 [유기음]이라는 자질을 더한다는 뜻이다. 이러한 이유로 한글을 자질 문자로 특별히 분류하는 경우도 있다. 이 원리는 언뜻 보면 쉬워 보이지만 이러한 방법을 처음 고안하기 위해서는 풍부한 음성학적 지식 외에도 낱개의 소리를 추상적인 자질 복합체로 인지하는 혁신적인 '디지털 사고'가 필요하다.

한글은 음소 문자이면서 음절 문자인 특징을 가진다. 이는 하나의 음성 연쇄에 두 종의 단위 정보를 부여하는 장점이 있다. 이러한 장점은 형태소 분석과 같은 정보 처리에서 효과적으로 이용될 수 있다. 예를 들어 'unhappy'와 같은 음소 연쇄에서 접두사 'un'과 어근 'happy'를 분리해 보자. 이를 위하여 첫 음소 'u'가 형태소 사전에 등재되어 있는지 확인하고 다음에 'un'을 비교하여 두 번째 탐색에서 접두사가 확인된다. 그러나 '먹은'과 같은 음소 연쇄에서는 어간 '먹'은 사실 세 음소로 이루어져 있지만 첫 음절을 한 번 분리함으로써 어간이 확인될 수 있다. 이와 같이 한글은 음절 모아쓰기를 통해 음절을 가시적인 정보 단위로 활용할 수 있는 것이다.

한글은 24개의 음소 글자로 논리적으로는 11,172자의 음절 표현이 가능하지만, 실생활에서는 3,000-4,000개의 음절이 사용되는 것으로 알려져 있다(실제 발음되는 음절은 2,000 여개이다). 컴퓨터가 등장하기 이전에는 이렇게 많은 음절들을 조판에서 처리하기가 여간 까다로운 일이 아니었다. 이러한 이유로 많은 사람들은 한글을 창제할 때 음절 모아쓰기를 하지 않았다면 좋았을 것이라고 생각하기도 하였으며, 실제로 한글 풀어쓰기를 적극적으로 제안하는 사람들까지 있었다. 한글은 동양의 어떤 문자보다도 기계적 처리에 효율적이기 때문에, 일찍부터 영문 타자기와 같은 방식으로 한글 타자기를 개발할 수 있었다. 그러나 음절을 모아 적는 한글 표기의 특성상 영문 타자기처럼 쉽게 일상생활에서 사용하기에는 어려운 점이 많았다. 그러나 컴퓨터의 논리 연산에 의해 음절 모아쓰기를 자동 장치로 처리할 수 있게 되면서, 이러한 불만은 그저 과거의 것이 되었다. 중요한 것은 한글을 만들 때 음절 모아쓰기가 자동 처리될 수 있었던 체계적 배려가 이미 존재했다는 사실이다.

모음은 단독으로 음절을 구성할 수 있기 때문에 여기에 굳이 'ㅇ'과 같은 무음가 글자를 덧대어 쓸 이유는 없다. 그러나 문자 창제 직후에는 음절은 초중종 삼성으로 이루어 있기 때문에 모음 'ㅏ'를 표기하기 위해 '앙'와 같이 표기할 것이 제안되었다. 이러한 표기법은 곧 오늘날과 같은 '아'와 같은 형태로 발전하였으며, 'ng'음가를 갖는 종성 'ㆁ'은 'ㅇ'로 대체되었다. 이는 종성 'ㆁ'은 초성에서 쓰이지 않는다는 상보성 원리를 이해하게 되었기 때문이다. 따라서 오늘날 '앙'은 'ang'을 표기하는 글자로 통용된다. 이러한 무음가의 초성자 'ㅇ'을 이용하여 '가'다음에 'ㅇ'을 쳤을 때 이 'ㅇ'이 '강'이라는 음절을 구성할지 다음 음절의 첫소리가 되어 '가위'와 같은 단어의 두 번째 음절을 구성할지를 컴퓨터가 논리적으로 계산할 수 있다.

한글의 구성이 기본자에 변별 자질을 더하는 식으로 체계화되었기 때문에, 한국어에 필요한 모든 언어음들을 가장 효율적으로 표현할 수 있다. 여기에 더하여 한국어에는 존재하지 않더라도 중국어나 다른 언어에 존재하는 어떠한 음이라도 표현할 수 있도록 문자 조직을 유연하게 확장할 수 있다. 즉 한자음 표기를 위하여 비음성의 순경음이 필요하면 바로 '뭉'를 만들 수 있는 능력이 그것이다. 이러한 확장력은 한글이 자질 문자이기 때문에 가능한 일이다. 이로 인해 한글은 단 8개의 기본 글자를 이용하여 현재 컴퓨터의 한글 처리에 통용되는 거의 모든 음절을 생성할 수 있다. 이는 한글이 몇 개의 기본 음소들을 한 음절 단위로 결합하여 사용하는 표기법으로 처음부터 고안되었기 때문이다.

한글은 알파벳 문자와 달리 자음과 모음의 숫자가 비슷하다. 따라서 자판을 구성할 때 자음을 위하여 14개의 키를 모음을 위하여 12개의 키를 각각 좌편과 우측에 대칭적으로 배당할 수 있다. 이러한 배열 방식을 통해 왼손으로는 자음을 치고 오른손으로는 모음을 치게 되기 때문에, 자음과 모음이 연속되어 있는 한국어 음절 구성의 특성과 관련하여 인지적으로나 인체공학적으로 자판을 쉽게 다룰 수 있다. 이와 같이 한글은 배우기가 쉬울 뿐 아니라, 컴퓨터 자판을 칠 때에도 별다른 훈련을 거치지 않고 쉽게 한글 문서를 생산할 수 있다는 장점을 갖는다. 그리고 이러한 장점들이 컴퓨터와 인터넷의 급속한 보급을 촉진함으로써, 한국을 정보통신 기술 강국 중 하나로 도약하게 만든 한 원인으로 작용하였다고 해도 과언이 아니다.

휴대폰은 일반 컴퓨터 자판보다 훨씬 적은 수의 자판을 가지고 있는데, 이제까지 살펴본 바와 같이 한글은 가획이나 합성 원리를 적용하지 않은 기본 글자가 겨우 8개밖에 되지 않는다. 따라서 휴대폰으로 문자 메시지를 주고받는 일이 알파벳 문자와 견주어서도 무척 편하고 심리적인 접근성도 용이하다. 이러한 이유로 한국의 휴대폰 시장은 급속하게 커질 수 있었는데, 이는 한국의 청소년들이 '단문 메시지 서비스(SMS)'와 그 파생 상품들을 열광적으로 애호한다는 사실에서도 쉽게 이해할 수 있다. 특히 한국의 대표적인 휴대폰 생산 업체들은 휴대폰에서 문자를 입력하는 방법에 한글 창제의 기본 원리인 '가획 방식'이나 '천지인 방식'을 적용하였는데, 현재 국제 특허로 보호받고 있는 자판 입력 방식들은 국외 휴대폰에 대한 하나의 진입 장벽으로 기능하기도 한다.

이처럼 한글의 유용성과 보급성은 세월이 흐르고 과학기술(특히 ICT)이 진보함에 따라 더욱 많은 사람들에게 감명을 주고 있는 셈이다. 특히 한글이 창제된 15세기 이후 오랜 동안 중세적 세계관에 갇혀 있던 지배층의 무관심과 핍박에도 불구하고 20세기 중반부터 본격적으로 '국자'로서의 지위와 권위를 가지게 되었다는 점과 21세기의 디지털 문명과 함께 그 효율성과 편리성이 두드러지게 된 점을 생각해 보면, 한글의 독창적 원리를 창안한 세종의 과학 정신과 근대정신은 확실히 시대를 초월한 기술과 가치를 지닌 것이라고 할 수 있다.

21세기 지식 정보 사회의 발전은 결국 더 많은 커뮤니케이션과 더 많은 정보와 창안적 생각들을 콘텐츠로 담아내는 일들을 가속화하고 있다. 이 과정에서 컴퓨터와 인터넷 기술을 넘어 효율적인 언어정보처리 기술의 발전에 대한 요구가 증대하고 있다. 언어정보처리는 한마디로 컴퓨터가 인간의 언어를 이해함으로써 과거 인간만이 할 수 있는 지능적인 작업들을 컴퓨터가 쉽게 할 수 있도록 인간의 언어 지식을 컴퓨터 시스템에 구현하는 일이다. 단순한 키워드 검색을 넘어 "세종대왕이 한글을 창제한 해는?"과 같은 지식 검색이나 문서 자동 요약이나 분류와 같은 일들도 컴퓨터가 척척 알아서 해줄 뿐 아니라, 모든 언어들을 자동 번역할 수 있는 언어 기술들이 이미 선보이고 있거나 좀 더 지능적으로 개선되어가고 있는 중이다.

이와 같이 국경과 언어를 초월하여 세계를 하나로 묶을 수 있는 디지털 문명 시대에서 한글이 앞으로 차지할 위상은 더욱 높아질 전망이다. 한글은 그 창제 원리에서 이미 디지털 이론인 '자질'개념을 활용하고 있으므로, 모바일 기기를 선호하는 '디지털 유목민'의 정서나 행동 양식과 잘 어울리는 문자라고 할 수 있다. 또한 한글은 음소 문자이면서 음절 문자의 특징을 아울러 가지기 때문에, 언어정보처리에서 알파벳 계열의 음소 문자와 한자와 같은 음절 문자 사이를 이어주는 '가교 문자'로 각광받는 미래를 전망해 본다.

세종대왕이 한글을 창제한 이유는 크게 두 가지로 볼 수 있다. 하나는 한자음을 표시하는 당시 언어 이론의 불합리성을 시정하려는 의지이다. 당시까지 한자음을 표기하는 방법은 이미 설명한 바와 같이 한 음절을 성모와 운모의 두 부분으로 나누는 반절 방식에 의존하고 있었다. 즉 '東'을 '德(ㄷ)+紅(ㅎ)'의 두 부분으로 나누어 음을 표시하는 방법이다. 그런데 이 방법으로는 한자음을 정확히 이해하기 어려울 뿐 아니라, 오랜 시간이 지나거나 방언에 의해 소리가 바뀌는 일이 있어도 그 변화된 발음을 알아채기 어렵다. 예를 들어 영어에서 'fool'의 'oo' 발음이 'improve'의 'o' 발음과 같다고 설명하는 것과 비슷하다. 'oo'가 한국어 '풀'의 'ㅜ' 발음과 비슷하다고 하면 처음 영어를 배우는 한국어 사용자는 학습이 한결 쉬울 것이다.

다른 하나는 많은 백성들이 한글을 통하여 정보를 쉽게 얻을 수 있도록 하여 삶의 질을 높일 수 있다고 믿었기 때문이다. 세종대왕은 당시 한글 창제에 반대하는 신하들에게 백성들이 어려운 한자 때문에 재판을 받기 어려운데, 만약 그들이 한글을 알았다면 재판에서 자신을 변호하기 쉬울 것이라고 주장하였다. 이는 중세적 권위주의가 지배하고 있는 당시로서는 상상하기 어려운 파격적인 생각이었다. 당시 학자들은 어려운 한문을 열심히 공부해서 관리가 된 사람들이었기 때문에 많은 사람들이 쉬운 한글을 공부하게 되면 높은 관리가 되는 길에 경쟁자가 많아질 것이라고 생각하는 경향이 있었다. 또한 많은 사람들이 한글을 알게 되면 왕이나 관리가 저지르는 나쁜 행동들이 쉽게 전파될 것을 두려워하기도 하였다. 실제로 연산군의 폭정이 심할 때 한글로 이를 고발하는 방문들이 곳곳에 나붙게 되자 한글 서적을 갖고 있거나 한글로 글을 쓰지 못하는 법이 만들어지기도 하였다.

한글을 배우기 쉬운 이치는 그 과학적 창제 방법에서 이미 설명하였다. 그런데 한글이 배우기 쉽다는 사실 자체가 중요하다는 사실은 다시 한 번 강조할 필요가 있다. 영어 알파벳은 몇 천년동안 여러 언어를 통해 발전해 왔기 때문에 단순하고 식별하기 쉬운 형태가 될 수 있었다. 역사적으로 많은 나라에서 새로운 문자를 만들기는 했지만, 대부분 배우기 어렵고 식별하기도 쉽지 않기 때문에 오늘날 새 문자를 그대로 사용하는 경우는 아주 드물다. 더구나 문자사용을 통해 문맹률을 낮추는 데도 큰 기여를 하지 못했다. 한글은 한 사람이 독창적으로 창제한 문자 중에서 가장 널리 사용되는 문자일 뿐 아니라, 문맹률을 낮추는 데도 크게 기여한 유용한 문자이다. 유네스코에서 문맹퇴치상의 이름을 '세종대왕 상'이라고 한 이유가 여기에 있다. 더구나 한글은 창제 이후 몇 백년간 나라 글자로 제대로 대접을 받지 못하다가 대한민국이 건국된 이래 급속도로 전파되고 발전되었다. 만약 한글이 배우기 쉬운 글자가 아니었다면 그저 하나의 문화유산으로 남았을지도 모른다.

이제까지 살펴본 것처럼 한글은 그 구성이 치밀하며 고도의 언어 이론을 바탕으로 고안된 것이다. 세종이 전개한 정치한 언어 분석은 현대의 관점에서도 그저 놀라울 뿐이다. 세종의 과학 정신은 당대의 세계관을 뛰어 넘는 합리적 세계관을 전개한 것이며, 한글은 그 꽃이라고 할만하다. 세종이 전개한 세계관은 결국 정보의 교류를 중시하는 근대적 사유를 내포하고 있고, 우리나라의 실제적인 근대화는 한글이 공용문자로 통용되면서 본격적으로 시작되었기 때문이다.

세종은 한글 창제를 반대하는 논의에 대해 쉬운 글자의 통용으로 백성들의 어려운 사정이 어느 정도 해소될 것이라고 하였다. 즉 정보의 원활한 교류가 관리의 부정을 없애는 데에 일조할 것이라고 한 것이다. 이는 글을 모르는 백성이 문서 조작으로 탄원한 당시 실제 송사를 배경으로 한 것이다. 이에 대해 당시 집현전 부제학이었던 최만리는 백성의 어려운 사정은 청렴한 관리의 양성으로 해결할 일이지 문자 창제로 해결할 일이 아니라고 하였다. 세종은 정보를 확산함으로써 유교적 통치 이념이 전 국민에게 잘 전달될 수 있으며, 정보의 효율적 교류를 통하여 관리들의 부정이 상당부분 해소될 수 있다고 본 것이지만, 당시의 지배 엘리트들은 이러한 근대적 관점을 이해하기 어려웠던 것이다.

오늘날과 같은 지식 정보 사회에서 정보의 효율적 생산과 원활한 교류는 무엇보다도 중요한 개념이다. 한문 일색인 중세의 정보 환경에서 한글과 같은 음성 문자 통용의 필요를 절감한 세종은 확실히 시대를 앞선 과학 정신의 귀감을 보인다. 이제 우리는 지식 정보 사회의 새로운 장을 열고 있다. 인터넷의 급속한 확산으로 우리의 정보 생활은 급격한 변동을 보이고 있기 때문이다. 인터넷에 정보가 폭주하고 있으며, 이에 따라 유용한 정보만 찾으려는 검색 요구가 증가하고 있다. 또한 언어 사이의 장벽을 넘어서 국제적 교류를 확대하고자 하는 요구도 아울러 증대되고 있다.

이러한 요구들을 수용하기 위해서는 언어정보처리를 위한 언어 공학의 발전이 필수적이다. 다행스럽게도 한글을 사용하는 한국의 환경은 한자를 사용해야 하는 중국이나 일본보다는 유리한 입장에 있다. 일단 정보 입력이 단순하며, 정보 처리에서 고려되어야 할 문제의 범위도 작아지기 때문이다. 한글은 음소 단위와 음절 단위가 복합되어 있기 때문에 정보처리를 위한 전략 수립이 용이하다는 것도 장점이다. 한국어는 기능형태소의 경우 대부분 한 음절이 한 형태소와 대응될 수 있기 때문에, 한국어정보처리의 앞날은 다른 언어들에 비해 밝다고 볼 수 있다.

중세의 정보 교류를 확산하기 위해 고안된 한글은, 근대가 시작되면서 본격적으로 정보 교류의 도구가 되었다. 20세기 후반에 컴퓨터에서 음절 모아쓰기가 자동 처리되면서 한글 기계화와 정보 처리는 급속히 신장되었다. 지난 50년 간 추구해 온 한글 전용의 글쓰기는 우리의 정보화 수준을 빠른 속도로 향상시켜, 지식정보사회에서 우리를 주요 선진국의 반열에 올려놓았다. 지식정보처리가 핵심 산업이 되고 있는 21세기에서도 한글의 중요성은 더욱 증대될 것이다.

5장
중세한국어

한국어의 역사와 문화

1. 중세한국어의 음운론적 특징

모든 언어는 시대에 따라 변하며 특히 그 음운 체계는 일정한 주기에 따라 변한다. 한 언어의 시대 구분에 음운 체계의 변화가 핵심적으로 고려되어 쓰임은 그 까닭이다. 고대한국어에 비해 중세한국어는 자음 체계에서 많은 변화를 겪었다. 훈민정음의 창제로 중세한국어에 발달된 새로운 음운 체계를 용이하게 관찰할 수 있다는 것은 다행한 일이다.

가장 확실한 변화는 격음과 경음의 발달에 의한 삼지적 상관속의 형성에 의해 중세한국어가 19개의 자음 음소 체계를 가지게 되었다는 점이다. 이는 차청자의 제정과 합용병서의 쓰임에서 귀납된 것이다. 각자병서는 중국의 전탁음을 표기하기 위한 것으로 중세한국어의 자음 체계에서는 제외된다. 이 외에 ㅅ계와 ㅂ계의 후두화음이 존재하였는데, 이들은 모두 'ㄱ, ㄷ, ㅂ, ㅈ, ㅅ'의 경음을 표기한 것으로 보인다. 'ㅇ'은 해례의 종성해에 "그 소리가 엷고 비어 있으며 종성으로 쓰지 못하며, 중성을 더하여 소리를 이룬다."고 설명한 것에 비추어 볼 때 실질적인 음가를 가지지 못한 것으로 보인다.

반치음인 'ㅿ'과 순경음인 'ㅸ'은 문헌에서 자주 보이는 글자들이다. 그러나 이들이 독립적인 음소로 기능했는지에 대해서는 논란의 여지가 있다. 이들이 나타나는 환경은 주로 유성음화의 환경에서 나타나며 일반적인 다른 음소들처럼 어절 초성에 거의 나타나지 않기 때문이다. 반치음의 경우에는 단어의 초성으로 사용되는 경우가 간혹 있지만 이는 당시 한자음과 관련된 인위적 표기로 보인다. 즉 'ㅅ'과 'ㅿ'은 어두와 어중에서 상보적 분포를 보인다. 그리고 반치음과 순경음이 사용된 단어들은 현대어에서 거의 'ㅅ' 불규칙과 'ㅂ' 불규칙 단어들에 대응된다. 후음인 'ㆆ'도 마찬가지이다. 이 음소는 '홇'에서처럼 주로 선행 음소를 급격하게 끝맺는 역할을 수행하며 후행 단어를 경음으로 발음하도록 한다. 하나의 음소가 되려면 단어 안에서 변별 기능을 가져야 하는데 이 글자는 그런 기능을 수행하지 못한다. 「훈민정음」에 서술된 각 자음들을 음소 체계로 보면 다음과 같은 19개의 자음 음소 체계를 얻게 된다.

(1) 중세 한국어의 자음 음소 체계

조음위치 조음위치	양순음	치경음	경구개음	연구개음	후두음
파열음	ㅂ, ㅍ ㅃ	ㄷ, ㅌ ㅼ, ㅳ, ㅵ		ㄱ, ㅋ ㅺ, ㅴ	(ㆆ)
마찰음			ㅅ ㅄ		ㅎ
파찰음			ㅈ, ㅊ ㅄ		
비음	ㅁ	ㄴ		ㆁ	
유음		ㄹ			

모음 음소 체계는 단모음의 체계를 기술한 것이다. 「훈민정음」예의에는 모두 11자를 소개하고 있으나, 이 중 단모음은 'ㆍ, ㅡ, ㅣ,

ㅗ, ㅏ, ㅜ, ㅓ'의 일곱자이다. 앞서 언급한 바와 같이 고대한국어에는 'ㅣ'와 후설적으로 대립하는 /ï/가 있었으나 「훈민정음」에서 이를 기술하지 않은 것은 이 음소가 이미 소실되었기 때문이다. 따라서 중세한국어의 모음 체계는 7개의 음소로 귀납된다. 'ㅛ, ㅑ, ㅠ, ㅕ'는 반모음 /j/의 개입에 의해 이루어진 이중모음이며, 이 외에도 'ㅐ, ㅚ, ㅟ, ㅢ, ㅓ, ㅑ, ㅝ' 및 'ㆉ, ㆌ, ㅒ, ㅖ, ㅙ, ㅞ' 등의 이중모음이 사용되었다.

단모음의 음가에 대해서는 여러 가지 논의가 많이 있었다. 그러나 「훈민정음」에서 행한 모음의 기술을 중심으로 이의 음가를 추정하는 것이 신뢰할 만하다. 즉, 'ㆍ'에 대해서 "혀가 오므라든다."라고 설명한 것으로 보아 이 음소가 가장 후설임을 알 수 있고, 그 다음에 'ㅡ'가 오고 전설모음으로 'ㅣ'가 온다고 보아야 할 것이다. 'ㅗ, ㅜ'는 '축장' 개념의 '축'에 해당하므로 고모음에 해당되고, 'ㅏ, ㅓ'는 '장'에 해당하므로 저모음에 해당된다. 그리고 이 고모음과 저모음 사이에 기본 모음인 'ㆍ, ㅡ'가 위치하여 해당 모음들을 중세한국어의 모음 규칙의 하나인 모음조화를 이룰 수 있도록 양성모음과 음성모음 계열로 나누어 보면 다음과 같이 중세한국어의 모음 음소 체계를 얻을 수 있다.

(2) 중세한국어의 모음 음소 체계

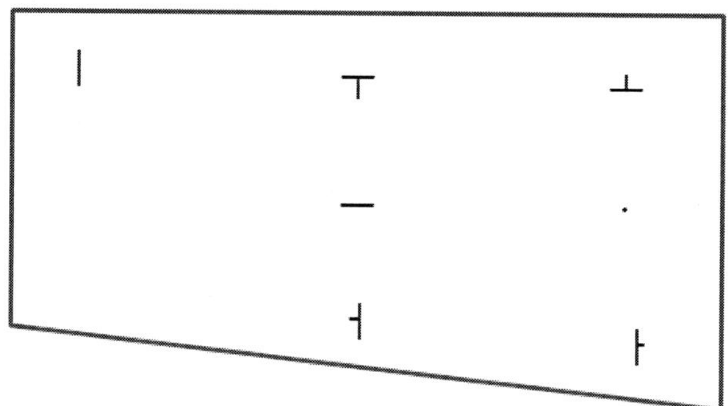

중세한국어에서 합용병서는 주로 경음을 표기하기 위하여 사용되었는데, 이들의 사용이 불규칙하기 때문에 중세한국어에 어두자음군이 존재했을 가능성이 제기되기도 한다. '뿔'과 같은 단어는 현대한국어의 '좁쌀, 입쌀'에 어두자음 'ㅂ'의 흔적이 남아있기 때문이다. 그러나 대부분의 경우에서 경음을 나타내는 것으로 사용되었을 뿐 아니라 근대한국어에서는 ㅂ 계 합용병서가 ㅅ 계 합용병서로 합쳐지고 있는 것으로 보아, 중세한국어에서 어두자음군은 특별히 발달한 음운 현상이라고 보기 어렵다. 1933년 맞춤법 통일안에서는 합용병서를 각자병서로 통일하여 경음을 표기하기에 이른다.

「훈민정음」 예의에는 원칙적으로 모든 초성은 받침으로 쓸 수 있다고 하였으나, 해례에는 '팔종성가족용' 원칙을 들어 어말에 8개의 자음이 음성적으로 구별됨을 기술하고 있다. 팔종성은 'ㄱ, ㅇ, ㄷ, ㄴ, ㅂ, ㅁ, ㅅ, ㄹ'인데, 이는 일반적인 음운 규칙에 따라 말음에서 중화된 음들을 가리킨다. 그런데 현대한국어에서는 'ㄷ'과 'ㅅ'도 중화되는

데 반해 중세한국어에서는 이들이 대립되어 있다는 특징이 나타난다. 아마 중세한국어에서는 'ㅅ'이 완전히 내파되지 않았던 것으로 보인다. 그러나 같은 시기의 표기에서 '졷ㅈ바(隨);좃ᄌ바, 낟(箇):낫, 빗ᄂ니(散):빗ᄉ오니' 등이 혼용된 것으로 보아 15세기 당시에 이미 말음에서 'ㄷ, ㅅ'의 대립이 중화되었을지도 모른다. 두음법칙 중 현대한국어와 다른 점은 '냐, 뇨, 뉴, 니, 녜'가 올 수 있다는 점이다. 그러나 'ᄅᆡ년:닉년(來年), 롱담:농담(弄談)' 등과 같이 혼용된 표기를 보이는 것은 두음에서 'ㄹ'의 제한이 이미 시작된 것으로 볼 수 있다.

중세한국어는 경음과 격음의 발달로 단어도 경음화하거나 격음화하는 추세를 보이기 시작한다. '그ᅀᅳ다〉ᄭᅳ다, 삿기〉사끼, 곳고리〉ᄭᅬᄭᅩ리' 등과 '긇〉ᄑᆞᆯ, 고ㅎ〉코, 솑돕〉손톱, 갏〉칼' 등의 예를 들 수 있다. 'ㅂ, ㅅ'의 유성음 표기 'ㅸ, ㅿ'는 어중유성음화를 반영한 것이다. 이들은 곧 자음이 탈락된 형태까지 발달하였다. '글발〉글월, ᄆᆞᅀᆞᆷ〉ᄆᆞᅀᆞᆷ' 등이 이에 해당한다. 단어별로 어중 'ㄹ'이 탈락하는 현상도 보인다. '믈결〉믓결, 놀다가〉노다가, 나리〉내, 니를다〉니르다, 바ᄅᆞᆯ〉바ᄅᆞ' 등의 예를 들 수 있다. 이러한 어중의 자음탈락 외에도 'ㅣ'나 'ㄹ' 아래에서 후행하는 기능 형태소들의 'ㄱ'을 탈락시키는 규칙이 있었다. '미오, 내어나, 되어늘' 등과 같은 예들이 그러하다. 또한 어간에 'ㅣ' 모음이 오면 '부톄, 양지, 내' 등과 같이 어간과 통합하여 표기하였다.

'ㅎ 말음 명사'는 대표적인 중세한국어의 고유한 단어군들이다. 이들은 단독 어간으로는 'ㅎ'이 나타나지 않다가 후행하는 기능 형태소가 오면 'ㅎ'이 나타난다. 예를 들어 '내ㅎ'과 같은 명사에 조사가 오면 '내히, 내흘, 내콰' 등과 같이 활용하게 된다. 이러한 단어들은 특별한

규칙은 없고 대략 80여 개의 단어들을 확인할 수 있는데, 이들의 공통
점은 모두 어간이 모음이나 유성자음 'ㄴ, ㄹ, ㅁ'으로 끝난다는 점이
다. 이들은 아마 고대한국어 시기에는 /k/나 /h/ 뒤에 모음을 가지고
있다가 이 모음이 탈락하면서 생긴 단어들이라고 생각할 수 있다. 15
세기의 명사 중에는 단독체의 명사 '여슷'가 조사를 만나면 '엿이'와
같이 되어 말모음을 탈락시키는 경우도 있다. 또한 단독체 명사 '나모'
가 조사를 만나면 '남근'과 같이 'ㄱ'을 첨입시키는 경우도 있다. 이들
도 원칙적으로는 'ㅎ 말음 명사'의 경우와 같이 'ㄱ'을 보유하고 있다
가 말모음이 줄어들면서 단독체에 모음이 첨입되어 두 어간이 함께 사
용된 경우라고 할 수 있다.

2. 중세한국어의 문법적 특징

현대한국어와 달리 중세한국어까지는 주격조사가 '이' 하나뿐이었다. 현대한국어의 '가'는 16세기에 들어 발달하기 시작한 것으로 보인다. 이 '이'는 어간이 자음으로 끝나면 '고지'와 같이 'ㅣ'로 표기되고, 어간이 모음으로 끝나면 '훓 배'와 같이 후행 기능요소에 통합된다. 어간이 'ㅣ'나 하향이중모음으로 끝나면 '빈, 불휘'처럼 조사를 표기하지 않는다. 어간이 한자음일 경우에는 '六龍이'와 같이 '이'로 표기하는데, 이 역시 말음이 '이'로 끝나면 '怨讐ㅣ'와 같이 'ㅣ'로 적었다. 이러한 음운론적 표기는 용언화 접사 '이'나 보격조사 '이'에도 해당되기 때문에 주격조사의 특별한 현상이라고는 할 수 없다. 다만 용언화 접사가 첨가되면 후행하는 어미의 두음이 '아니로다' 등과 같이 'ㄹ'로 바뀌거나 '아니어든'과 같이 'ㄱ'이 탈락하는 현상을 보인다.

대격조사나 절대격조사는 각각 '올, 룰, 을, 를'과 '은, 는, 은, 는'을 가지고 모음조화 규칙과 어간 말음에 따라 구별하여 적었다. 모음으로 끝나는 어간의 경우 매개모음을 생략하고 'ㄹ'이나 'ㄴ'으로만 적는 경우도 있었다. 이러한 표기상의 차이를 제외하고는 대격조사나 절대격조사는 현대한국어와 크게 다르지 않다. 다만 '으란, 으란'과 같이 대격에만 사용되는 조사가 있었는데, 이는 고대한국어의 '肹良'으로 소급되는 것이며 현대한국어에서는 'ㄹ랑'으로 잔존하게 되었다.

속격조사는 '이, 의, ㅣ, ㅅ, 앳' 등이 있는데, 이 중 'ㅣ'는 '이'나 '의'

와 그 기능이 같으나 출현 빈도가 잦지 않아서 어떤 경우에 이를 사용했는지는 정확하게 알 수 없다. 현대한국어에서는 속격조사가 '의' 하나뿐이지만 중세한국어에서는 'ㅅ'도 속격조사의 기능을 가지고 있었다. 그러나 현대한국어에서 'ㅅ'이 복합어 형성에 참여하는 것처럼 'ㅅ'도 '이, 의'와 달리 통사적 단어형성에 참여하였던 것으로 보인다. '이, 의'가 유정물 명사에만 통합되는 것으로 규칙화할 수 있다고 주장하는 경우도 있지만 예외가 많다. 그러나 두 개의 속격조사가 연이어 나타날 때에는 예외 없이 'ㅅ'이 붙은 명사가 후행하는 점을 보아 '이, 의'에 비해 'ㅅ'의 속격 구조는 단어적 구성에 가깝다고 보아야 할 것이다.[1] 속격조사로 사용된 '앳'은 사실 하나의 조사로 보기보다는 '에 있는'이라는 뜻으로 '애+ㅅ'으로 분석할 수 있지만 하나의 조사로 보는 편이 많다.

처소격조사의 경우 '애, 에, 예, 이, 의' 등이 쓰였다. 이들은 현대한국어에서는 모두 '에'로 통합되었는데, 중세한국어 당시 속격조사에 사용된 '이, 의'가 처소격에 사용된 용법은 설명하기 힘들다. 아마 고대한국어에서 속격조사가 처소의 의미로도 통용되다가 중세한국어에서도 관습적으로 사용되었다고 추정할 수 있겠다.

여격조사로는 '드려, 이/의 그에, ㅅ그에(긔/게), 이/의 손디' 등이 사용되었다. '드려'는 '드리다'가 기능형태소로 전환된 경우이고 나머지는 속격조사와 결합된 형태를 보이지만 후행 어사들의 복원이 쉽지 않기 때문에 하나의 조사로 보는 것이 일반적이다. 이들은 모두 현대

---

1 생성문법의 X-바 이론을 빌리면, 하나의 명사구 NP에서 '의' 명사구는 지정어 자리에 나타나고 'ㅅ' 명사구는 보어 위치에 나타난다고 말할 수 있다.

한국어에서 '에게'나 '께'로 통합되었다.

공동격조사는 '와/과'가 사용되었다. 이는 「구역인왕경」과 같은 구결 자료에는 보이지만 향가에서는 나타나지 않은 것이었다. 향가에서 공동격조사의 예로는 '東京 明期 月良'의 '良(랑)'을 볼 수 있다. 공동격조사 '와/과'는 「대명률직해」에서도 '果'로 나타나는 등 고대한국어로부터 꾸준히 하나의 계열을 이루어 발달하였음을 알 수 있다. 공동격조사는 이 외에도 용언화 접사와 결합된 '이며'나 '이여'가 있었으며, 'ᄒ고'도 공동격의 기능을 수행하였다. 현대한국어와 달리 '입과 눈과'와 같이 후행 명사에도 공동격조사를 붙이는 경우가 있었지만 예외도 존재한다. '입ᄒ고 코ᄂ'과 같은 예가 그러하다.

강세나 한정을 나타내는 조사로는 '사, 곳/옷, 붓/봇, 만' 등이 있었다. '사'는 현대한국어에서 '이야'로 발전하였고, '곳, 봇' 등은 사라졌다. '만'은 현대한국어에도 그대로 사용되는 조사이다. '곳/옷'의 대립은 앞서 설명한 'ㅣ'나 'ㄹ' 아래에서 'ㄱ' 탈락 현상이 반영된 결과이다. '씩'을 나타내는 '곰/옴'도 자주 사용되는 보조사이다.

중세한국어에는 특별히 발달한 의문 첨사가 있었다. 이들은 일반적인 어미와 달리 명사에 직접 붙어 의문문을 실현하기 때문에 어미나 조사로 칭하기 어려운 점이 있다. 보통 의문문은 활용어미에 의해 표현되어야 하는데 이들은 명사에 직접 붙는 특징을 보인다. 의문 첨사 '가'는 "이는 賞가 罰아"처럼 판단을 구하는 데 사용하였는데, "이 엇던 光明고"처럼 의문사와 같이 쓰이면 '고'로 대체되었다. 이 역시 'ㄱ'이 탈락하는 환경이 되면 '아, 오'로 실현되었다. 이 첨사를 동사에 사용하려면 '가시ᄂ고, 두게ᄒ고, 녀시ᄂ니잇가'와 같이 'ㄴ, ㄹ, ㅅ'의 동명사형을 만들어 사용하였다.

중세한국어에 특별히 발달된 선어말어미로 삽입모음인 '오/우'가 있다. 이들은 고대한국어에서부터 시작된 것인데, 주로 1인칭 주어와의 일치나 화자의 의도를 나타낼 때 사용되었다. 혹은 '여름:여름'처럼 동명사형 'ㅁ'과 명사 파생접미사를 구별할 때도 사용되었고, 관형형의 내포문을 형성할 때도 사용되었다.[2] 또한 과거 시제를 나타내는 '더'에 연결될 때는 '다'로 실현되고, 존칭접미사 '시'와 결합하면 '샤'로 실현되었다. 뿐만 아니라 삽입모음은 의도형의 '되'나 감동형의 'ㅅ'에 항상 붙어 '오되, 옷'으로 나타난다.

삽입모음은 하나의 음성 규칙이 아니라 문법 규칙으로 나타나기 때문에 이에 맞는 형태소 이름을 명명해야 함이 온당하다. 그러나 이의 기능을 이미 설명한 바와 같이 화자의 의도나 일인칭 일치 중 어느 쪽이 더 맞는 기능인지 잘 알 수 없을 뿐 아니라, 내포문 구성에 참여하거나 특정 문법 형태와 항상 공기하는 등 단일한 기능을 정하기 어렵기 때문에 하나의 형태소로 일괄하기 힘든 점이 있다. 삽입모음이라는 다소 모호한 표현은 이러한 사정을 반영한다.

중세한국어에서는 동사와 형용사의 구별이 뚜렷하지 않았다고 보는 것이 일반적이다. 그러나 많은 경우에 시제형 'ㄴ'를 첨입할 수 있으면 동사로 그렇지 않으면 형용사로 구별된다. 이는 중세인들에게 동사와 형용사의 품사적 구별 의식이 뚜렷하지 않았을 뿐이지, 실제로

---

2 관형형 내포문에 '오'가 나타나는 것은 항상 그런 것은 아니고, 주로 존칭어미 '시'와 결합할 때와 수식되는 명사가 목적어나 부사어일 때 혹은 그러한 의존명사가 올 때 등 복잡한 양상을 보인다.

동사와 형용사의 품사를 나눌 수 없음을 의미하는 것은 아니다.[3] 그런데 '그리다(慕), 둏다(好)' 등과 같은 단어들은 동사와 형용사를 겸용하여 쓰인 것으로 보인다.

중세한국어의 평서문은 평서체로 '다, 니라'가 있다. 이때 '다'는 선어말어미 '더, 리, 과, 니, 오' 뒤에서 '라'로 교체된다. 이러한 '라' 교체 현상은 용언화 접사로 끝나는 'ㅣ' 아래에서도 마찬가지로 실현된다. 공손체로는 'ᅌᅵ다, 이다' 등을 사용하였다.

의문문은 앞서 설명한 의문 첨사 외에도 동사 뒤에 사용되는 '녀/냐/뇨, ㄴ다, ㄴ가' 등의 어미를 사용하기도 하였다. '뇨'는 앞서 설명한대로 의문사와 일치될 때 사용되며, 'ㄴ다, ㄴ가'는 의문 첨사 앞에 동명사형을 붙인 형태이다. 동명사형은 동사가 명사적으로 기능하는 형태를 의미하는데, 중세한국어에서는 현대보다 더 광범위한 용법을 보이며 단독 명사의 기능을 수행하기도 했다. 이러한 예는 "德이여 福이여 호늘"과 같은 고려가요에서 찾을 수 있다.

명령문은 '라, 쇼셔, 아쎠' 등이 사용되었다. '라'는 평칭에 사용되었고 나머지는 존칭에 사용되었다. 이 외에도 '고라, 고이다, 사이다, 져, 지이다, 지라' 등이 사용되었는데, 이들은 청유의 의미로 명령문에 사용된 것으로 보인다.

감탄문은 '도다, 놋다, 소라' 등을 기본으로 하고, 'ㄴ뎌, ㄹ셔, ㅅ다' 등도 감탄을 표현할 수 있었다. 이들은 원시추상명사 '드, ㅅ'에 삽입모음이 첨입되어 평서문어미와 결합된 형태이거나 동명사형에 의문

---

3 「훈민정음」의 협주를 보면 "연은 니슬 씨라, 경은 가븨야볼 씨라"와 같이 동사와 형용사를 구분하는 다른 지표를 볼 수 없다.

형을 붙여 굳어진 것으로 보인다.

중세한국어에는 주체존대와 객체존대, 그리고 상대존대가 구별되어 사용되었다. 주체존대는 현대한국어와 마찬가지로 '시'가 사용되었는데, 삽입모음과 만나면 '샤'로 변하는 특징이 있다. 객체존대는 목적어를 높이는 사용되었는데, '습, 습, 줍, 슬, 슬, 줄' 등의 이형태를 가지고 있었다. 상대존대는 화자가 아닌 청자를 높이는 목적으로 사용된 것이다. 기본 형태는 '이'로 평서문에서는 '이다', 의문문에서는 '잇가/고', 명령문에서는 '쇼셔'로 실현되었다.

6장
근대한국어

1. 근대한국어의 음운론적 특징
2. 근대한국어의 문법적 특징

한국어의 역사와 문화

1. 근대한국어의 음운론적 특징

근대한국어는 임진왜란이 끝난 직후인 17세기에서 시작하여 갑오개혁까지의 3세기 사이의 한국어를 지칭한다. 이 시기의 한국어는 사회적 변동으로 언어의 변화가 시작되어 한국어의 중세적 면모들이 사라지고 현대한국어와 좀 더 가깝게 되었다. 중세한국어에 비해 자료가 풍부하여 다양한 연구가 가능해진 것은 다행한 일이다. 또한 전란으로 소실된 문헌들에 대한 중간본들이 간행됨으로써 중세와의 비교 연구도 가능하다.

근대한국어의 자음 체계는 중세한국어와 크게 다르지 않다. 다만, 그 용례에 있어서 'ㆆ'의 사용이 완전히 사라지고, 반치음 'ㅿ'도 거의 소멸되었다. 경음의 사용은 그대로 계승되었는데, 어두 격음의 사용은 아직 제한적이었다. 그러나 근대한국어를 거치면서 격음의 사용이 지속적으로 늘어간 것은 사실이다.

모음 체계는 'ㆍ'이 소실(ㅡ'나 'ㅏ'로 변함)과 이중모음인 'ㅔ, ㅐ'의 단모음화를 통해 현대한국어의 음운 체계와 아주 유사해졌다. 중세한국어의 모음체계와는 크게 달라졌는데 'ㆍ'의 소실이 그 원인이다. 근대한국어의 모음추이는 'ㆍ'의 공백을 메우기 위한 체계적 변화이기 때문이다.

(1) 근대 한국어의 모음 체계

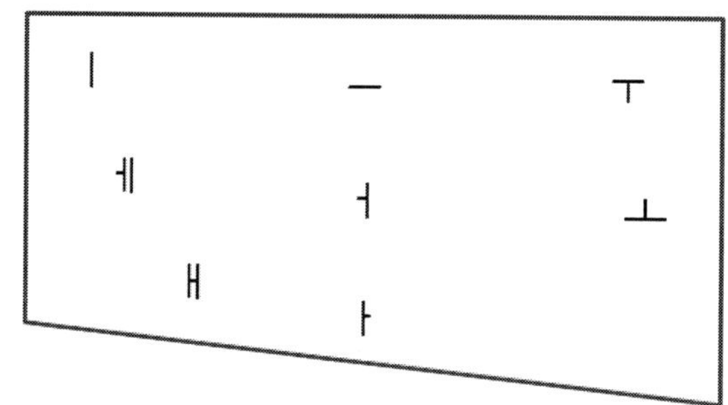

　근대한국어에서는 어두자음에서 경음화와 격음화 현상이 빠른 속도로 진행되었다. 경음화로는 '구짖다>꾸짖다, 기치다>끼치다, 다옥이>싸옥이' 등을 들 수 있는데, 이미 현대어로의 이행이 완료된 형태를 보인다. 격음화의 예로는 '풀무, 탓' 등을 들 수 있다. 이 역시 현대어와 다르지 않다. 또한 구개음화 현상도 활발히 나타났다. '잡디>잡지, 애와텨>애와쳐' 등의 경우가 그러하다.

　모음의 경우 순음인 'ㅁ, ㅂ, ㅍ' 아래에서 'ㅡ'가 'ㅜ'로 변화는 원순모음화 현상이 일어났다. 그래서 현대어와 같은 '물, 불, 풀' 등의 단어가 생산된다. 전설모음화 현상도 일어났는데, '아츰>아침, 즛다>짓다, 거즛>거짓, 뎌>저'과 같은 예들을 들 수 있다. 즉, 거의 모든 단어들이 음운 변화에 힘입어 현대한국어의 단어들로 변모하고 있음을 알 수 있다.

　중세한국어의 'ㅎ 말음 명사'들은 그 수가 많이 줄었다. 현대어에서는 이들이 완전히 사라지고 '암캐, 수탉'과 같은 단어들에 잔존한다. '나모, 구무'와 같은 'ㄱ 보유어'들도 'ㄱ'을 거의 탈락시켜서 현대어에서는 일부 방언형에만 존재하게 되었다.

2. 근대한국어의 문법적 특징

중세한국어에 잘 사용되지 않던 의존명사 '것'의 쓰임이 활발해졌다. 현대한국어에서 가장 많이 사용되는 단어인 '것'은 근대한국어에서 이미 그 용법의 거의 정착되었다. 근대한국어에서는 주격형 '가'가 발달하여 1인칭과 2인칭의 주격형인 '내, 네'가 각각 '내가, 네가'로 쓰이기 시작하였다. 중세한국어에서 '자기'의 높임말인 'ᄌᆞ갸'는 3인칭 극존칭 'ᄌᆞ가'로 바뀌어 "공주 ᄌᆞ가ᄂᆞᆫ 므스일고."와 같이 사용되었다.

의문대명사의 경우에도 현대어와 같은 '누구(<누고)'가 등장하고, '어느'는 관형사로 그 쓰임이 축소되었다. '아모ᄃᆞ라'와 같이 사용된 '아모'도 '아므'를 거쳐 현대어의 '아무'에 이르게 된다.

16세기부터 시작된 주격조사 '가'도 그 쓰임이 더 활발해졌다. 이 외에 존칭의 주격조사로 '겨오셔/겨ᇰ셔'가 새로 쓰이게 되었는데, 이는 현대어에서 '께서'로 발전하였다. 이 외에 각종 격조사의 분포를 결정하던 모음조화 규칙에 혼란이 생겨서 속격조사도 '의'로 통일되고, 'ㅅ'은 단어형성에 참여하는 접사로 기능이 축소되었다.

'ㅅ 불규칙 용언'은 'ㅿ'의 소실로 '지ᅀᅳᆫ>지은'과 같이 'ㅿ'이 탈락된 형태를 보인다. 'ㅂ 불규칙 현상'도 'ㅸ'이 'ㅗ/ㅜ'로 변함에 따라 '구ᄫᅥ>구어, 도ᄫᅡ>도와'와 같은 형태로 바뀌었다.

중세한국어에서 명사형성의 주류를 이루던 'ㅁ'은 '기'로 거의 대체되는 상황으로 발전하였다. 이는 앞서 설명한 바와 같이 '것'의 사용이

중대한 것과 관련된다. 즉 명사화 기제의 주류가 '기'나 'ㄹ/ㄴ 것'으로 넘어가면서 명사화에 의한 내포문의 구분이 확실해지고 의미가 선명해졌다고 할 수 있다.

근대한국어에서 두드러진 문법적 특징의 하나는 중세한국어에 복잡하게 발달하였던 삽입모음 'ㅗ/ㅜ'의 상실이다. 앞서 설명한 바와 같이 삽입모음은 그 용법을 체계화하기 어려웠기 때문에 근대로 넘어가면서 소멸될 운명에 처해 있었다. 이는 근대한국어가 전반적으로 중세한국어의 복잡한 문법적 현상을 버리고 간결한 문법 체계를 이루는 방향으로 발달했음을 의미하는 것이다.

고유어인 수사 '온(百), 즈믄(千)'은 근대한국어에서는 보이지 않는다. 많은 고유어들이 한자어로 대체되는 경향이 두드러지는 것도 근대한국어의 한 특징이다. 부사 또한 근대한국어에서 새로운 파생을 통하여 많이 생산되기 시작하였다.

시제형으로는 중세한국어에 사용된 현재 시제 'ᄂ'가 아직 사용되고 있었지만, 점점 'ᄂ/는다'와 같은 형태로 변화하다가 현대어의 'ㄴ다, 는다' 형태로 발전하게 되었다. 과거를 나타내는 '앗'도 발전하여 현대어의 '았'으로 귀결되고 '았았'의 형태까지 나타나게 되었다. '더'는 삽입모음의 소실로 이형태 '다'가 사라졌다. 미래를 나타내는 '리'는 중세한국어로부터 발전한 것인데 점점 '겠'과 함께 미래 표현을 다양하게 사용하는 방향으로 발전하기 시작하였다.

서법은 중세한국어에 비해 많이 간결해졌지만, 아직도 중세한국어의 흔적들이 여러 형태로 잔존하고 이의 변이형들이 사용되는 경우도 있었다. 경어법에서는 객체존대법이 흔들리고, 상대존대의 '이'가 '이'

로 변형되어 사용되었다. 객체존대는 현대어의 '습니다' 체로 변하면서 상대존대법으로 발전하기 시작하였다.

형용사 파생접미사로는 '스럽'이 새롭게 등장하고, 접미사 '듭'은 "쥬변듭고 쏘 주변두외니"와 같이 '듭, 답, 두뷔, 두외, 되' 등과 같이 혼용되다가 '되'로 정착되는 과정을 겪었다. 현대어에서 형용사 파생접미사로 쓰이는 '답'이나, 자동사 '되다'도 이러한 변천 과정에서 생성된 것으로 볼 수 있다.

근대한국어에서는 유추에 의한 어형 변화도 진행되었다. '마슨'이 '설흔'에 유추되어 '마흔'이 된 것은 대표적인 경우라고 할 수 있다. 원칙적으로 동명사형을 사용할 수 없는 명사 '무스'에 동명사형을 붙여 '무슨'과 같은 관형사를 만드는 것도 유추의 일종으로 볼 수 있다. 유추는 같은 계열의 다른 단어들과 형태적 일관성을 만드는 과정으로 현대어에서도 '상치'가 '배추'와 같은 형태에 이끌리어 '상추'로 변하는 현상들을 의미한다.

중세한국어에서 '적다'의 의미로 사용된 '혁다, 흑다'와 같은 단어들은 '덕다'로 바뀌어 현대어의 '적다'가 되었다. 또 '사랑하다'라는 의미를 가지는 '둧다, 괴다'와 같은 단어들은 '생각하다'라는 뜻을 가지는 '스랑ᄒ다'로 단어가 대치되어 현대어의 '사랑하다'와 같은 단어가 생성되기도 하였다.

중세한국어에서 대세를 이루던 음운 위주의 연철 표기는 근대한국어에는 중철 표기로 나타난다. 이는 연철표기가 보여주는 음성적 현상과 분철 표기가 보여주는 형태적 현상을 동시에 표현하려는 욕구에서 나타난 것이다. 그러나 이러한 중철 표기는 고대한국어의 향찰 표기에서도 '高攴好(놉ㅎ+호)'와 같이 나타나는 것이기 때문에, 근대한국어의 특징적인 표기라기보다는 전통적인 표기가 암묵적으로 계승되었을 가능성도 있다. 한글이 공용문자로 행세하지 못하였기 때문에 이러한 전통적 표기가 근대한국어에서 자유롭게 나타났다고 보는 것이다. 그러나 이러한 표기 태도는 결국 형태적 표기를 지향하는 것이므로 현대에 와서 형태 위주의 분철 표기를 중심으로 표기법이 고정될 수 있었다.

7장
현대한국어

한국어의 역사와 문화

1. 개화기의 한국어 연구

갑오개혁을 통하여 한글은 드디어 우리 문자 생활의 전면에 등장하였다. 한글이 우리의 공용문자가 됨에 따라 한국어를 객관적이고 과학적으로 연구하여 그 문법적 체계를 수립하고 이를 표기에 응용하려는 연구가 시작되었다. 그 중심에 선 인물은 주시경(1876~1914)이었다. 물론 개화기에는 서재필이 순한글 신문 '독닙신문(1896년)'을 발간하고 종두법으로 유명한 지석영이 「신정국문」을 상소하는 등 한글을 국자의 위치에서 널리 보급하고 체계화하려는 노력들이 많이 있었다. 그러나 그 누구도 주시경의 활동과 노력, 그리고 업적을 능가하지는 못하였기 때문에, 주시경의 활동을 중심으로 개화기의 한국어 연구 및 한국어 운동에 대해 살펴보겠다.

주시경은 일제침략에 항거하여 한글 보급과 한국어 운동에 일생을 바쳤으며 한국어 운동가이기 앞서 탁월한 한국어 학자였다. 그는 1896년 '독닙신문'의 교보원으로 일하면서, 한글 표기의 체계화가 시급함을 깨닫고 '국문동식회'를 조직하는 등 한국어 연구와 한글 보급에 진력하게 되었다.

주시경은 한국어 연구뿐 아니라 한국어 운동이라고 할 수 있는 한글 보급 및 이를 통한 민족정신 함양에 온 힘을 기울였다. 그는 당시 신학문을 배우는 학생들에게 한국어의 중요성을 설파하는 등 한글 보급 운동의 후진을 양성하는 데에도 많은 노력을 기울였다.

주시경의 애국애족 사상은 한국어 운동을 중심으로 전개되었다. 한 나라의 정체성을 확고히 하고 빼앗긴 국권을 되찾으려면 무엇보다 우리말과 우리글을 체계화하고 이를 보급하는 일이 시급하다고 생각한 것이다. 그는 "한문의 마술에 철저히 포로가 되어 있는 민중을 일깨워 지식 흡수를 향한 진정한 문호를 열어주지 않으면 안 된다. 이를 위하여 국어를 정리하고 국어 교육에 온 힘을 기울어야 한다."고 역설하는 등 한글 운동과 애국 계몽운동을 동일시하였다. 그의 후학들은 김두봉, 이규영, 최현배, 장지영, 이병기 등으로, 이들이 중심이 되어 나중에 조선어학회가 조직되어 한글 맞춤법 제정의 기틀을 잡을 수 있었다.

주시경의 한국어 연구는 1897년의 '국문식', '독립신문' 논설인 '국문론'으로부터 시작되었다. 그의 문법 이론은 배재학당을 통해 신학문을 접하면서 터득한 합리성에 기초하여 독창적으로 개척한 것이다. 대표적 업적으로 필사본 「국문문법」(1905), 유인본 「대한국어문법」(1906), 국문연구소 유인본 「국문연구안」(1907~1908), 「국어문전음학」(1908), 필사본 「말」(1908년경), 국문연구소 필사본 「국문연구」(1909), 유인본 「고등국어문전」(1909년경) 등이 있으며, 이러한 학문적 축적을 거쳐 가장 대표적 저술인 「국어문법」(1910)을 저술하였다.

「국어문법」은 음운·품사·구문·어휘의 4부로 이루어졌으며 초기 한국어문법서를 대표한다. 특히 구문론에서는 구조주의자들이 발견한 직소분석immediate constituent analysis의 원리에 해당하는 구문도해를 최초로 창안하였다.[1] 「국어문법」은 이후 「조선어문법」(1911, 1913년)

---

1 직소분석은 1933년 미국의 언어학자 불룸필드에 의해 처음 소개된 것인데, 주시경은 이보다 20여년을 앞서 직소분석의 기본 원리를 한국어 분석에 응용하였다. 직소

으로 보강되었다. 이후에는 음운론의 연구에도 그 영역을 넓혀 「말의 소리」(1914)를 저술하기에 이른다. 주시경은 음운론에서는 구조주의자들이 발견한 음소phoneme에 해당하는 '고나'를 발견하고, 형태론에서는 형태소morpheme에 해당하는 '늣씨'를 발견하기도 하였는데, 이 역시 구조주의자들의 선구에 서는 업적이다.

주시경의 한국어 연구는 민족적 계몽의식에서 출발하였기 때문에 단순히 이론에 매몰되지 않고 적극적인 한국어 운동으로 발전하게 된다. 그가 주장한 형태주의 철자법, 한자폐지와 한자어의 순화, 한글 풀어쓰기 등은 당시로서는 급진적인 어문혁명을 촉구하는 것이었다. 그는 특히 '한글'의 명명자로 알려져 있는데 이에 대한 정확한 근거에 대해서는 여러 논란이 있다.[2] 다만 1913년 「아이들보이」라는 잡지에 '한글난'이라는 지면을 통해 '한글'이라는 명명이 최초로 사용된 것은 분명하다.

주시경은 문법이 "다른 사람의 글을 보고 그 말뜻의 옳고 그른 것을 능히 판단하고, 내가 글을 지을 때도 능히 문리와 경계를 옳게 쓰기" 위한 것이라고 하였다. 이러한 그의 문법에 대한 실용적 태도는 이후의 학교 문법 성립에 큰 영향을 끼쳤다. 「조선어문법」은 크게 형태론인 '기난갈'과 통사론인 '짬듬갈'로 구성되어 있는데, '기난갈'의 '씨(「국어문법」의 기)'는 오늘날의 품사 구분에 해당하는 것으로 '임, 엇, 움,

---

분석은 문장의 각 성분을 각기 자기와 가장 가까운 성분을 묶어 상위의 묶음으로 연속적으로 분석하는 방식을 말한다.

2 고영근(2008:171)에서는 구구한 학설들을 재검토하고 주시경이 '한글'의 명명자임을 다시 밝히고 있다.

겻, 잇, 언, 억, 놀, 끗'과 같은 9품사를 설정하였다. 여기서 '임'은 명사 혹은 체언이며, '엇'은 형용사 '움'은 동사에 해당한다. 특이한 것은 조사에 해당하는 '겻'과 종결어미에 해당하는 '끗'을 품사에 소속시킨 점이다. 이와 같이 조사를 포함한 굴절접사를 품사의 하나로 인정하는 것은 이론 문법의 관점에서는 다소 적절하지 않은 점이 있으나 나름대로의 체계 속에서 일관성을 유지하고 있다. '짬들갈'에서는 문자의 성분을 다루고 있는데 한 문장은 적어도 하나의 주어(임이)와 하나의 술어(남이)로 구성된다고 하였다.

사실 주시경에 있어 단어와 성분의 개념은 생성문법의 구절 접점과 유사하다. 이는 '기몸박굼'에서 형용사에 명사형이나 관형형을 붙인 결과를 품사의 이름과 동일시하는 것에서 알 수 있다. 즉 형용사 '검다'에 명사형을 붙인 '검엇음'은 '임'으로 분석되고, 관형형을 붙인 '검엇은'은 '언'으로 분석된다. 이는 생성문법에서 우 중심 규칙right head rule에 의해 상위 절점의 품사가 결정되는 것과 같은 논리이다.

주시경은 문장이 반드시 주어와 서술어로 구성되어야 한다는 점을 인식하고, 복합절의 경우 생략된 문장 구성 성분이 숨어 있다고 보았다. 이를 '숨은 뜻' 혹은 '속뜻'이라고 하였다. "저 사람이 노래하면서 가오."를 "저 사람이 노래하면서 (저 사람이) 가오."와 같이 분석하는 것은 생성문법의 심층구조 분석과 일치한다. 이와 같이 주시경의 문법은 독창적이고 합리적이면서도 규범 문법적 관점에 머무르지 않고 이론 문법의 체계성까지 추구한 것이라고 볼 수 있다.

2. 한국어사전의 편찬과 한글 맞춤법 통일안

일제 침략기 속에서 우리 민족은 역사의 그 어느 때보다 정체성의 위기를 크게 겪었다. 2차 세계 대전이 막바지에 들면서 한민족의 정치성을 훼손하는 정책이 더욱 노골화되었다. 이른바 황국신민화 정책이 그것이다. 이는 창씨개명, 신사참배와 같은 정책 외에도 우리말과 우리글을 교습을 금지하고 언어 사용 자체를 제한하는 데까지 이르렀다. 이러한 와중에서 우리의 말과 글을 지킴으로써 우리의 정체성을 지키려는 노력도 커지게 되었다.

이러한 노력들이 있었기 때문에 해방 이후 곧바로 안정된 자주의식과 정체성으로 새로운 민주국가의 틀을 빠르게 마련할 수 있었음은 물론이다. 우리의 말과 글을 지키려는 노력들은 주로 한글 보급 운동과 이를 중심으로 한 계몽운동, 그리고 한국어 연구 및 표기법의 통일, 한국어 사전 제작 등의 형태로 나타났다. 이러한 여러 운동들이 일제의 심한 박해 속에서도 끊이지 않고 계속될 수 있었던 것은 근본적으로 한글이 있었기에 가능한 일이었다.

갑오개혁을 통해 한글이 공용문자로 격상되자 한글 표기를 정리하는 문제가 시급해졌다. 1907년 국문연구소를 통하여 이에 대한 논의가 이루어졌지만, 국권을 상실하면서 이 문제는 다시 묻히게 되었다. 그런데 일제는 식민통치 효율화를 위해 1912년, 1921년, 1930년에 걸쳐 '언문철자법'을 제정하였다. 그러나 이는 일제를 중심으로 제정된 표기법이어서 체계적이고 효율적인 것이 될 수 없었다. 이에 민족진영에서는 1921년 '조선어연구회'를 발족하면서 우리말의 표기와 체계를 독자적으로 수립하려고 하였다.

이미 개화기와 일제 강점기 초기에는 주시경을 중심으로 한국어 연구와 운동이 지속적으로 전개됨으로써 많은 지식인들 사이에 한국어 운동이 민족혼을 지키는 중심이라는 인식이 정립되어 있었다. 이러한 전통 속에서 조선어연구회는 창립되면서 곧바로 한국어와 한글 연구를 꾸준히 해나갈 수 있었다. 1929년 10월에는 '조선어사전편찬회'가 조직되었고, 사전편찬을 위한 연구로 〈한글맞춤법통일안〉, 〈표준어사정〉, 〈외래어표기〉 등 한국어의 제반 규칙을 연구·정리할 수 있었다. 조선어연구회는 1931년 조선어학회로 발전하면서 한국어 연구와 함께, 당시 혼란되어 있는 한국어 철자법 제정과 표준어를 사정하는 작업을 추진하고 이를 집대성할 수 있는 한국어사전 제작에 착수하였다.

드디어 1933년 10월 29일에 최초로 '한글 맞춤법 통일안'이 제정되었는데, 이는 이 후의 수차례의 개정을 통해 1989년 시행되고 있는 현재의 통일안에 이르게 된다. 현재의 표기법은 최초 통일안의 근간을 유지하고 있다. 다행스러운 일은 남북이 분단되기 이전에 맞춤법 통일안이 제정되었기 때문에 분단 후 상당 기간 맞춤법 통일안을 남북이 공유함으로써 언어, 표기의 갈등을 최소화할 수 있었다는 점이다.

맞춤법 통일안을 제정하면서 주시경의 정신을 계승한 '한글파'와 박승빈 등이 주도한 '정음파' 사이에 대립이 있기도 하였다. 한글파는 표기법의 형태주의를 주장하였으며, 정음파는 간소한 표음주의를 주장하였다. 형태주의는 어간의 형태를 밝혀 적는 표기로 한국어의 오랜 역사 속에서 주된 표기 방법으로 전승된 것이다. 이는 한글 맞춤법 총칙에 '표준어를 소리 나는 대로 적되 어법에 맞도록 함'에서 "어법에 맞춘다."에 해당하는 내용이다. 만일 표음주의로 맞춤법이 통일되었다면 한국어의 원형을 많은 부분 손실할 수 있었을 것이다. 한글파와 정음파는 경음의 표기에서도 각각 각자병서와 합용병서를 주장하였을 뿐 아니라, '가다'와 같이 '다'를 기본형 어미로 할지, '가오'와 같이 '오'를 기본형 어미로 설정할지에 대해서도 논란을 벌였다. 1933년 제정된 통일안에는 대부분 한글파의 주장이 관철됨으로써 오늘날과 같은 표기법의 근간이 성립되었다.

최초의 한국어사전은 경성사범학교 교사 심의린이 펴낸 「보통학교 조선어사전」(1930)이다. 1938년에는 문세영이 8만 단어가 수록된 「조선어 사전」을 편찬했다. 조선어학회에서는 1947년부터 1957년까지 총 6권에 걸쳐 「조선말 큰사전」을 편찬하였다. 1929년부터 만들기 시작한 이 사전은 16만 4125 단어를 수록하고 있는데, 한 때 조선어학회 사건으로 인해 중단되기도 하고 6·25 전란 가운데 원고가 멸실될 위기를 넘기는 등 여러 시련을 겪으면서 탄생한 우리 민족의 기념비적인 대작이다. 현재에도 한국어사전의 제작은 계속되고 있다. 2008년 제작된 국립국어원의 「표준국어대사전」을 비롯하여 여러 대학에서 속속 새로운 사전들이 이미 제작되었거나 제작되고 있다. 최근 제작되는 사전의 특징은 방대한 말뭉치를 대상으로 실생활에 사용되고 있는 새로운 단어 발굴, 실제 용례를 기반으로 한 올바른 뜻풀이, 누구나 사전 제작에 참여할 수 있는 개방형 사전, 남북어의 통일 등을 지향하고 있다.

「조선말 큰사전」 편찬 및 한글 맞춤법 통일안을 주도하던 '조선어학회'는 '조선어학회사건'을 통해 고통을 겪게 된다. 이는 일제의 민족정신 말살 정책의 일환으로 부풀린 사건으로, 민족정신을 고취하는 데 헌신했던 한국어 운동가들에게 크나큰 시련을 안겨 주었다. 앞서 언급하였듯이 일제는 황국신민화 정책의 일환으로 한국어를 자유롭게 사용하지 못하게 하고 공공교육에서 일본어를 사용토록 하는 일본어 교육정책을 더욱 강하게 추진하였다.

조선어 교육을 폐지하고, 모든 과목을 일본어로 강의하는 것뿐 아니라 학교생활에서도 일본어만을 사용토록 강제하였다. 이러한 정책을 추진한 이유는 지식인층의 저항을 탄압함으로써 한민족의 정체성을 말살하지 않으면 일본의 식민지 강점이 실효를 거두기 어렵다고 판단한 것 외에 전후에도 한반도에 대한 통치권을 계속 유지하기 위한 방책이었을 것이다.

'조선어학회' 사건의 전말은 다음과 같다. 일제는 민족정신이 강한 사람을 사상범으로 분류하고 그들을 탄압하기 위해 1941년 '조선사상범 예방 구금령'을 공표하였다. 민족운동이나 민족계몽운동을 하는 한국인을 마음대로 구속할 수 있도록 한 것이다. 이때 함흥영생고등여학교 학생 박영옥이 기차 안에서 한국말을 하다가 조선인 경찰관 야스다에게 붙잡혀 조사를 받게 되었다. 그리하여 박영옥이 서울의 정태진으로부터 민족정신을 지키도록 교육받았다는 사실을 알아내고, 정태진을 추적하던 중 서울에서 「조선어사전」을 편찬하고 있음을 알게 되었다.

이후 정태진의 배후를 조사하는 과정에서 조선어학회가 민족운동

단체라는 자백을 받아냈다. 이 자백을 근거로 1942년 10월 1일부터 1943년 4월 1일까지 모두 33명의 조선어학회 관련 학자들 33인을 검거하였다. 이들은 모두 검거과정과 취조과정에서 혹독한 고문을 당하였다. 이극로, 이윤재, 최현배, 이희승, 정인승, 정태진, 김양수, 김도연, 이우식, 이중화, 김법린, 이인, 한징, 정열모, 장지영, 장현식 등 16명은 기소 처분되었고, 12명은 기소 유예되었다.

기소 처분된 16명은 〈치안유지법〉을 어긴 내란죄로 예심재판에 회부되어 함흥형무소 미결감에 수감되어 1943년 7월 1일부터 옥살이를 하게 되었다(1943. 7. 1). 재판 진행 중 이윤재가 1943년 12월 8일에, 한징이 이듬해 2월22일에 옥중에서 사망하였다. 정열모와 장지영은 공소 소멸로 석방되고 최종적으로 공판에 넘어간 사람은 12명이었다.

이들에 대한 재판은 함흥지방재판소에서 9회에 걸쳐 진행되어 1945년 1월에 최종 선고가 이루어졌다. 그 결과 이극로 징역 6년, 최현배 징역 4년, 이희승 징역 2년 6개월, 정인승·정태진 등은 징역 2년, 김법린, 이중화, 이우식, 김양수, 김도연, 이인 등은 징역 2년 집행유예 3년, 장현식은 무죄가 선고되었다. 유죄 선고는 "고유 언어는 민족의식을 양성하는 것이므로 조선어학회의 사전편찬은 조선민족정신을 유지하는 민족운동의 형태이다."라는 선고문에 나타나 있듯이 조선어학회가 사전 편찬 등의 한국어 운동을 통해 독립운동을 하는 단체라는 사실에 근거한 것이다. 집행유예와 무죄가 선고된 7명은 석방되었고, 5명만이 수감되었다. 정태진은 복역을 마치고 1945년 7월 1일에 출옥하였으며, 다른 4명은 바로 광복을 맞아 8월17일에 출소하였다.

이와 같이 조선어학회 사건은 단순히 사전편찬과 이에 관련된 한국어 운동을 문제 삼은 것이 아니라, 이러한 한국어 운동으로 고유 언어를 지키는 정체성 확립을 통해 민족정신을 유지하려는 민족운동의 한 형태로 본 것이다. 이는 조선어학회의 관련자들이 그만큼 민족정신을 유지하려는 입장에서 한국어 운동을 전개하였다는 사실을 입증하는 일거의 사건이었다.

3. 현대한국어의 발전

21세기에 들어 한국어를 사용하는 인구는 약 7천만 명에 이르게 되었다. 이로써 한국어는 세계 12위에 드는 거대 언어 중의 하나가 되었다. 한국어가 이렇게 비약적으로 발전한 것은 물론 인구의 증가에 의한 양적 팽창에 기인한 것이지만, 북한의 사정과 비교해 보면 이러한 인구 증가도 결국은 경제적 성장을 배경으로 진행된 것이라고 할 수 있다.

더구나 한국어는 한국의 국제사회에서의 경제적 · 정치적 위상이 높아짐과 동시에 한창 불고 있는 한류 열풍으로 그 국제적 위상을 한껏 높이고 있다. 이에 따라 한국어를 배우고자 하는 외국인들의 수도 늘고 있을 뿐 아니라 외국인 귀화자 수가 10만 명을 넘는 등 한국과 한국어를 중심으로 생활하는 외국인들도 점차 늘어나고 있다.

한국이 이렇게 빠르게 성장하게 된 배경은 개화기 초기부터 노력해 온 한국어 연구와 한국어 운동을 통해 국민들의 문해력literacy이 급속하게 성장하였기 때문이다. 이는 많은 국민들이 단기간에 고도의 지식을 습득할 기회가 많았다는 점을 시사한다. 이는 우리의 언어 생활이 전통적으로 한글을 계승하였을 뿐 아니라, 혹독한 일제 침략기에서도 한글과 한국어를 체계화하고 현대화하려는 지식인들의 끊임없는 노력이 뒷받침되었기 때문이다. 이를 통해 현대 문명과 접하게 된 이른 시기부터 산업 사회의 고도성장에 참여하고 다가오는 지식정보 사회를 준비할 수 있었다.

그러나 한국어의 갈 길은 아직 멀다. 맞춤법 통일안이 제정된 지 거의 80년이 되었지만 국민들의 표준어 사용이나 맞춤법 표현의 수준은 그리 높지 않다. 그 이유는 많은 한국인들이 한국어의 표준적 사용을 어렵게 여기기 때문이다. 막연하게 맞춤법을 그저 어려운 것이라고 여기며 한국어 사전을 제대로 사용하지 않는 경우가 대부분이다.

그러나 맞춤법이나 표준어는 한국어 사전을 만드는 지침일 뿐이지 언어 사용 자체를 강제하는 수단이 될 수 없다. 한국어 학자들도 맞춤법의 세부 사항을 잘 숙지하기 어려운 상태에서 일반 국민들이 이를 따르도록 하는 것은 문제가 있다. 결국은 올바른 한국어를 사용하기 위해서는 문법 교육과 사전 활용에 대한 교육이 근간이 되고, 글을 쓰고 이해하기 편한 사전으로의 진화를 도모하는 것이 더욱 필요한 실정이라고 하겠다.

문법은 앞서 주시경의 서술대로 '글을 올바르게 이해하고 쓰는 능력'을 제고하기 위해 한국어의 체계를 세우는 일이다. 이러한 일들이 이론적 연구에 머물러 일반 국민들에게 어렵게 다가가서는 오히려 국민들의 문해력을 낮추는 결과만 낳게 될 것이다. 대부분의 국민들이 글을 쓸 때 사전을 이용하지 않는 것은 어렸을 때부터 사전을 활용한 글쓰기 지도가 정착되지 않았기 때문이다. 이를 극복하기 위해서는 문법 교육과 글쓰기 교육의 전반적인 쇄신이 필요하다.

현대는 지식정보 사회이고 아는 만큼 자신의 성장을 보장할 수 있는 사회이다. 그리고 이러한 성장은 글로벌 경쟁 속에서 일생을 통해 끊임없이 지속되어야 하는 것이다. 최근 조사에 의하면 글로벌 인재의 가장 필요한 덕목으로 '창의력'과 '의사소통 능력'을 들고 있다. 이 모두가 언어에 의해 창출되는 능력이다. 한국어로 된 지식이 충분치 않으면 이를 기반으로 창의적인 생각을 도출할 수 없고, 문장을 간결하게 표현하여 다른 사람을 설득할 수 없다면 자신의 창의적 능력을 발휘할 수 없다.

이처럼 한국어 교육은 국가의 글로벌 인재를 기르기 위한 가장 기초적이면서 최우선적인 과제가 된다. 이를 위하여 한국어 자체에 대한 연구 및 이를 잘 활용할 수 있는 능력을 배양하는 기반 연구가 지속적으로 진행되어야 할 것이다.

8장
한글 전용론

한국어의 역사와 문화

1. 한글 전용론과 국한문 혼용론

현대 한국어에서 한글 전용은 이미 일상이 되었다. 거의 모든 출판물이 한글을 전용하고 있기 때문이다. 그럼에도 불구하고 아직도 한국어 텍스트에 한자를 혼용하거나 병기해야 한다는 주장이 끊이지 않는 것도 사실이다. 이러한 이유는 아무래도 이를 주장하는 대부분이 이미 한자 사용에 익숙한 사람들이라는 데서 찾을 수 있다. 현재 출판되는 각종 서적에서 이미 한자의 사용을 거의 찾아볼 수 없기 때문에, 학교에서 한자를 어느 정도 가르친다고 해도 언어생활에서 응용할 수 없는 것이 현실이다. 언어와 문자는 실생활의 환경에서 계속 노출되어야 학습 능력이 증대되고 활용성도 커지게 된다. 따라서 실생활에서 사용할 수 없는 지식을 주입하는 노력은 지양되어야 할 것이다. 더구나 현재와 같은 글로벌 사회에서는 오히려 영어의 중요성이 강조되고 있기 때문에 학생들에게 도구적 개념의 언어·문자 교육의 부담을 지나치게 늘이는 것은 그만큼 필요한 지식을 획득할 기회를 잃게 만드는 결과를 초래할 수 있다.

반면 한글 전용론자들은 고유어를 활발하게 살려 쓰기를 주장하기도 한다. 이 역시 현실적인 대안이 될 수 없다. 고대한국어로부터 현대어에 이르기까지 많은 한자어들이 침투한 것은 역사적인 사실이다. 그 이유는 문화는 항상 높은 데서 낮은 데로 흐르기 때문이다. 이를 거스르는 것은 항상 실패하게 마련이다. 고유어를 살려 쓰려는 취지는 좋으나 고유어를 많이 쓴다고 한국인의 정체성이 더 확립되는 것은 아니다. 현재 사용되고 있는 많은 한자어들에도 불구하고 한국인의 정체성이 중국의 것과 혼란되지 않고 있다는 사실을 보면 고유어를 살려 쓰는 문제가 그리 중요한 일은 아니다.

다만 해방 후 일제 침략기를 통해 들어온 일본어의 잔재를 많은 노력 끝에 해소할 수 있었던 것은 다행스러운 일이라고 하겠다. 그 당시는 일제가 한국인의 정체성을 말살하려는 정책의 후유증이 남아있었던 시기였기 때문에 상당 기간 일본어의 잔재가 한국어 사용에 개입할 수밖에 없었다. 그러나 민족의 정체성 확립에 앞장선 한국어 운동가들이 중심이 되어 정부의 강력한 정책을 시행한 결과, 일본어의 잔재를 씻어버리고 다음 세대가 이를 거의 기억하지 못하게 한 역사적 과정은 현재를 살아가는 우리에게 크나큰 혜택이 아닐 수 없다.

현재 많은 영어 단어들이 물밀듯이 들어오고 있으며, 이들은 거의 글로벌 용어로 굳어진 것들이다. 영어를 잘 말하지 못한다 하더라도 글로벌 용어들을 잘 익히고 있으면 그것도 하나의 경쟁력이 되는 세상이다. 현재 세계의 공용어라고 할 수 있는 영어도 90%는 외국어의 단어를 받아들여 형성된 것이다. 발전을 위해서는 항상 자기 것만을 고집할 수 없는 것이다. 자신의 언어 사용만을 고집하던 프랑스의 위상이 프랑스어와 함께 날로 추락하는 것은 그들의 유별난 언어 고립 정책에서 찾을 수 있다.

영어가 글로벌 언어가 될 수 있었던 이유 중 하나로 원래 종합어였던 영어의 모습을 벗어버리고 분석어로 발전함으로써 세계인들에게 쉽게 다가갈 수 있었다는 점을 들 수 있다.[1] 영어는 현재도 세계의 단어들을 쉼 없이 영어화하고 있는데 이런 노력들이 다 영어 발전에 기여하고 있다. 언어의 발전에서는 고유의 것을 지키려는 노력도 중요하지만 세계 안에서 호흡할 때 더 가속도가 붙게 된다는 점을 잘 보여주는 사례이다. 영어는 또한 영어의 정체성을 지키기 위해 문법 연구와 사전 제작에도 오랜 기간 심사숙고하고 세계가 인정할 만한 여러 가지 좋은 사전들을 만들어냈다. 미국이나 영국에서 행하는 영어를 위한 투자를 생각해 보면 한국어를 위한 투자는 아직 시간과 인력의 투입 면에서 부족한 점이 한둘이 아니다.

한글 전용 사회에서 중요한 것은 새로운 맞춤법 통일안과 사전의 보완이다. 한자를 혼용하여 글을 쓰자는 주장의 한 가지 일리는 한자가 들어갈 경우 가독성이 높아진다는 것이다. 한글보다는 한자가 여러 가지 획수의 변화가 많기 때문에 한글로만 글을 쓸 때 보다는 가독성이 높아질 것임은 분명하다. 그러나 여기에는 치러야 하는 대가가 너무 크다. 즉 한자 교육을 더욱 심화하고 일반 출판물들에 한자가 더 노출되도록 정책적 장치를 마련해야 하기 때문이다. 한글의 가독성을 높이려면 다른 노력보다 맞춤법을 새로 제정할 필요가 있다. 개화기 때 한글을 보다 쉽게 파악하기 위하여 띄어쓰기 문제를 고민했던 것처럼 한글 사용의 가독성을 높이기 위한 연구와 적용이 시급하다는 것이다.

일반적으로 생각해 볼 수 있는 것은 대문자의 사용과, 영어의 이텔

---

1 종합어는 굴절어미를 통해 구문 구조를 형성하는 언어를 의미하고, 분석어는 굴절어미 없이 구문 구조를 형성하는 언어를 의미한다. 분석어는 고립어라고도 한다. 영어는 원래 독일어와 같은 계통의 종합어였지만, 역사적 발전을 통해 분석어로 변모하였다.

릭체의 쓰임과 같이 고유명사 등을 표시하기 위한 특별한 글꼴을 제정하는 일이다.[2] 글꼴 자체는 맞춤법과 상관이 없는 것이지만, 새로운 문자 환경에 맞는 글꼴의 사용을 맞춤법에서 보장해 주는 일이 필요하다. 컴퓨터를 이용하면 다양한 글꼴을 지정하여 맞춤법에서 활용할 수 있기 때문에 이러한 일을 정책적으로 추진하는 데 큰 어려움이 없으리라고 본다. 이와 관련하여 한글이 너무 네모 안에 갇혀 있는 글꼴을 탈피해야 할 필요가 있다. 영어에서 'd'와 'p'를 잘 구별할 수 있는 것은 하나는 획이 위로 올라가 있고 다른 하나는 획이 아래로 내려왔기 때문이다. 이러한 영어 글꼴의 특성은 영어의 글로벌화에도 기여하였다. 한글도 이와 같이 글꼴의 정비를 통해 보다 가독성 있는 문자로 발전할 수 있을 것이다.

한자 사용자들은 한국어의 고유어가 새로운 단어형성에 장애가 된다고 한다. 그렇지만 한자를 잘 모르는 세대들은 '새내기'와 같은 훌륭한 단어들을 곧잘 만들기도 한다. 무엇보다 영어 단어를 많이 받아들임으로써 한국어의 단어들에도 이미 많은 신어들이 생겨났다. 과거에는 외국어를 한자화하여 새로운 용어를 만들었지만 지금은 '스마트폰'과 같이 글로벌 용어를 그대로 사용하는 추세이다. 앞으로 미래의 한국어를 만들어 가는 세대에게는 영어 단어를 중심으로 한 조어법이 더 중요하게 여겨질 것이다.

영어 단어가 많이 사용되면서 한글과 영문을 글쓰기에서 어떻게 적절하게 배치하여 사용할 수 있는지에 문제도 남아있다. 이러한 문제

---

2 일본의 카타가나가 외래어 사용에 전용되고 있는 것도 좋은 사례라고 할 수 있다.

는 한글과 한자를 비롯한 기타 외국 문자를 적을 때 항상 발생할 수 있는 문제이다.[3] 현재의 한국어를 보다 효율적으로 표기하기 위한 노력에는 이러한 고민까지 포함해야 할 것이다.

---

3 「훈민정음」 창제 당시에도 이러한 고민이 있었던 것으로 보인다.

2. 한글 기계화 운동

한글 기계화 운동은 한 마디로 한글을 어떻게 타자기에 적용해야 하는 지의 문제에 대한 논란들을 중심으로 전개되었다. 한글은 동아시아의 유일한 음소 문자이다. 그래서 한글은 산업화 시대에 이미 한문이나 가나로 제작할 수 없는 기계식 타자기를 사용할 수 있었다. 2차 세계 대전에서 미국이 일본에 승리한 이유도 기계식 타자기의 효율성에 힘입은 바 크다고 하니 한글을 기계식 타자기에 적용하려는 노력은 일반적인 한글 보급 운동만큼이나 중요하게 여겨진 것도 당연하다.

그러나 IT 시대의 도래에 따라 이런 문제들은 금방 사라지게 되었다. 왜냐하면 기계식과 달리 전자식 자판에서는 사용이 용이한 2벌식 자판으로 얼마든지 아름다운 서체를 만들어 쓸 수 있기 때문이다. 물론 이에 따라 중국어나 일본어에서도 컴퓨터를 통한 기계화된 글쓰기가 용이해졌기 때문에 한글만의 유용성도 그만큼 힘을 잃게 된 측면도 있다. 그래도 한글이 가진 장점은 여전히 살아있으며, 이러한 장점은 IT 시대에 맞는 디지털 리터러시 증진에도 커다란 기여를 하게 되었다.

초기의 기계화 논쟁에서 벌어진 2벌식, 3벌식, 4벌식, 5벌식 등의 논쟁은 한글이 음소 문자이기는 하지만 음절 모아쓰기를 하기 때문에 생긴 문제들이다. 기계적으로 2벌식 타자기는 배우기 쉽고 사용하기 쉽지만, 특정 손가락에 많은 부담을 주고 글꼴이 미려하지 않았다. 이에 대해 3벌식은 한글의 창제 원리인 초·중·종성을 모아 치는 방식이어서 2벌식보다는 배우기 까다롭지만 타자의 속도나 글꼴에서 2벌식보다 효율적이었다. 4벌식이나 5벌식은 글꼴이 미려해지기는 해도 그만큼 배우기 어렵고 타이핑 속도도 느려지는 단점이 있었다. 그런데 정부가 공식적으로 인정한 타자기는 4벌식이었다. 이는 여러 타자기의 장점을 모아놓은 것이라고 생각할 수도 있고, 단점만을 모아놓은 타자기라고 생각할 수도 있다. 4벌식 타자기가 풍미하던 시절에는 따로 타이피스트라는 직업이 있을 정도로 4벌식 타자기를 일상의 글쓰기에서 사용하기가 쉽지 않았던 것은 틀림없다.

이런 문제들로 인해 아예 한글 모아쓰기를 풀어쓰기로 바꾸자는 주장도 있었다. 그러나 이런 방식은 오래된 한글의 전통에 맞지 않기 때문에 몇몇 사람들의 주장에 그칠 수밖에 없었다. 복잡한 한글은 기계화 논쟁 속에서 새로운 글쓰기 도구인 워드프로세서의 발명은 현행 2벌식 자판이 굳어지는 결과가 되었으며, 이로써 일반인들이 쉽게 컴퓨터 자판을 이용할 수 있게 되었다. 이는 모음으로 시작되는 음절도 음가 없는 'ㅇ'으로 시작해야 한다는 한글 창제 당시의 표기 규정이 있었기 때문이다. 이로써 컴퓨터에 자동으로 음절을 모아쓰는 음절오토마타 프로그램을 장착할 수 있었다. 덕분에 지금 많은 한국인들의 디지털 리터러시는 다른 어느 나라보다 높으며, 이것이 지식정보 사회의 주요한 경쟁력이 되고 있다.

3. IT 기술과 한국어

현대한국어는 IT 기술과 함께 발전하였다고 해도 과언이 아니다. 이는 앞에서 언급하였듯이 컴퓨터 자판을 이용하게 됨으로써 한글 기계화 운동의 제반 논란이 종식되고 글쓰기의 대중화가 폭발적으로 진행될 수 있었기 때문이다. 그런데 이 IT 기술은 단순히 한글을 자판으로 구현하는 것 외에도 디지털 미디어를 통해 한글 콘텐츠들을 자유롭게 생산하고 교환할 수 있는 기술까지를 의미한다. 그동안 우리는 한글을 통한 미디어 생활 속에서 한국만의 IT 기술을 발전시킬 수 있었으며 IT 기술의 전반적 체계를 마련할 수 있었다. 이는 오스트레일리아와 같이 영어권 국가에서 자국만의 특별한 IT 기술을 확보하지 못하는 것과 대비된다. 즉 외산 소프트웨어들을 한국에 적용하는 데 따르는 하나의 장벽을 제공할 수 있었다는 사실 하나만 보더라도 한글이 한국의 IT 기술 발전에 하나의 기여점이 되었다고 볼 수 있다.

앞서 언급하였듯이 컴퓨터가 개발되면서 자연스럽게 자판은 2벌식 자판으로 고정되었다. 이러한 기술 발달에 힘입어 이미 거의 모든 출판물에서는 한글 전용 및 가로쓰기가 일반화되었으며, 컴퓨터를 통해 영문과 한글, 한자를 비롯하여 세계의 여러 문자들을 간단하게 사용할 수 있게 되었다. 이로써 한글 전용론(혹은 한자 혼용론)이나 한글 기계화론과 같은 논쟁들을 완전히 역사적인 것이 되어 버렸다.

한글 자모는 앞에서 설명한 바와 같이 자음과 모음이 거의 대등하다. 그래서 자판의 왼쪽은 자음이, 오른쪽은 모음이 차지하고 있다. 한글 자모의 이러한 특성과 컴퓨터의 장점이 모아지면서 역사상 유래 없는 만인 글쓰기 사회가 도래하였다.[4] 한국이 인터넷 강국으로 떠오르게 된 것도 이런 사정과 무관하지 않다. 더구나 모바일 자판은 더욱 간단하게 구성할 수 있기 때문에 문자메시지를 간편하게 주고받을 수 있다는 점도 한글문화를 풍부하게 하는데 기여하고 있다.

편리성이 모든 것을 대신해 줄 수는 없는 법이다. 결국 문화의 수준은 내용이 판가름해 주는 것이다. 그래도 빠른 시간 안에 급속히 인터넷 콘텐츠의 증가를 가져 온 힘의 원천은 아무래도 간단하고 변화무궁한 한글과 컴퓨터의 궁합에서 찾아야 하지 않을까?

---

[4] 만인 글쓰기 사회는 현재의 소셜 네트워크를 통하여 누구나 편리하게 글쓰기 생활을 누릴 수 있는 사회를 말한다. 물론 거의 모든 나라가 이런 혜택을 누리고는 있지만, 한글이라는 무기를 통해 한국어가 이 반열에 빠르게 동참할 수 있었다는 점이 다행스러운 일이다.

9장
글로벌 시대의 언어 환경

1. 동아시아에서의 영어의 위치
2. 동아시아 글로벌 커뮤니티의 필요성

한국어의 역사와 문화

1. 동아시아에서의 영어의 위치

세계화 시대에서 영어는 세계어의 자리를 점점 더 공고하게 굳히고 있다. 이러한 이유로 한국에서 영어를 공용어로 인정해야 한다는 논란이 있으나 이는 비현실적인 제안일 뿐이다. 그러나 영어가 글로벌 언어로서 무척 주요한 제 1외국어임을 부정할 수는 없다. 그런데 영어는 단순한 세계어가 아니다. 우리 입장에서 영어는 동아시아에서의 의사소통 언어로서 새롭게 부각될 필요가 있기 때문이다. 여기서 동아시아를 문제 삼는 이유는 동아시아를 구성하는 세 나라 한국, 중국, 일본이 결국 하나의 경제 블록이 되기 때문이다. 특히 중국 시장은 14억 인구를 발판으로 세계의 공장에서 세계의 시장으로 변모하면서 우리에게 너무나도 중요한 교역국가가 되었다.

이런 점에서 동아시아 블록을 구성하는 세 나라 의사소통 언어의 중요성은 날로 커지게 마련이다. 영어는 물론 아시아의 정체성과 관련 없는 언어이다. 그러나 이미 상당한 아시아 국가들이 영어를 이용한 의사소통이 가능한 상황이다. 그것은 영어권 국가에 의해 경략된 인도나 말레이시아, 필리핀 등의 역사 속에서 자연스럽게 귀결된 현상이다. 이에 비해 한국을 비롯한 중국, 일본과 같이 아시아를 대표하는 동아시아 삼국에서의 영어의 지위는 동남아시아의 상황에 비교하면 아직 미미한 것이라고 할 수 있다.

오늘날과 같은 글로벌 환경에서 세계어로서의 영어는 그 지위가 점점 더 공고해 지고 있다. 이는 동아시아 삼국의 교류에서도 마찬가지다. 물론 과거 선진국 일본의 영향으로 일본어는 여전히 강세에 있고, 14억 인구를 앞세운 중국어 그 지위가 날로 높아지고 있다. 한국어도 우리의 경제적 위상이 높아지고 한류라는 특별한 문화 현상에 힘입어 그 세력을 더하고 있는 실정이다. 그러나 이러한 세력 균형이 깨어질 것이라고 보기는 힘들다. 예상해본다면 사용자가 가장 많은 중국어가 주축이 될 것 같지만, 이 경우 다른 두 언어에는 거의 재앙이 될 것이다. 따라서 동아시아 삼국은 어떤 식으로든지 영어를 교류어로 격상시킬 환경을 충족하는 방향으로 나아가야 할 것이다. 각 나라가 영어의 문제를 어떻게 풀어나가야 하는지는 한 나라의 언어를 넘어선 국제적 이슈로 계속 남을 것이다.

한국은 그동안 미국과의 깊은 유대 속에서 영어의 중요성이 강조되어 왔다. 즉 미국과의 군사, 경제, 사회·문화, 학문 교류와 통상을 통해 영어를 이해하고 대화하는 기능이 중시되어 온 것이다. 그러나 대다수 한국인의 삶에서 영어의 기능은 사회적 신분을 보장받기 위한 개인적 능력의 하나로 자리 잡고 있을 뿐이다.

20세기 후반에는 세계화라는 명제 아래 영어의 중요성이 강조되어 왔으며, '세계화의 척도는 곧 그 나라 국민의 영어 실력'이라는 인식도 팽배해졌다. 이러한 인식은 현실적인 분석과 전망이라기보다는 다분히 상업적이며 대중 영합의 논리에서 출발한 점도 적지 않다. 이러한 인식 아래 영어를 공용어로 인정해야 한다는 논리가 득세하기도 하였지만, 영어를 공용어로 하기 위한 실제 소요 예산과 인력 양성 등의 정량적 계산만 추산해 보아도 실현 불가능한 탁상 논리에 불과하다는 것을 알 수 있다.

영어 공용화란 한국어 외에 영어를 공식적인 언어로 인정한다는 뜻인데, 이를 교육적인 면에서 또 정부 조직에서 실천하는 면에서 실행에 옮긴다는 것은 불가능에 가깝다. 물론 혹자는 영어를 공식어로 인정하는 것이 아니라 영어 교육을 보다 강화할 수 있는 조기 영어교육 혹은 몰입식 영어교육을 주장하는 사람들도 있다. 실제 조기 영어교육은 초등학교부터 시행되고 있으며, 대학에서는 몰입식 영어교육이 강요되고 있다. 영어교육 강화라는 자체만 보면 이러한 추세로 국민들의 영어 능력을 다소 끌어올릴 수 있는 것은 사실이다.

그러나 조기 영어교육은 갓난아이부터 영어를 가르쳐야 한다는 그릇된 인식을 제공하고 이 때문에 아이들의 정상적인 교육 능력마저 위협받는 실정이다. 대학의 몰입식 교육 또한 교수자나 학생들의 전체적인 전달 및 수용 능력의 제한으로 영어 공부 외 내용 교육의 부실을 면하기 어려운 실정이다. 영어 능력 강화는 필요한 일이기는 하지만 이를 다수의 국민들에게 강요할 필요는 없다. 언어는 필요에 의해 학습 효과가 배가되는 것으로 그 필요조건을 채우지 못하면 기왕에 학습한 내용도 활용하기 어렵게 된다. 가장 큰 문제는 영어가 고등 학습 능력이나 직업 활동 능력의 가장 중요한 기준이 됨으로써 각종 사교육이 난무하는 현실일 것이다.

무엇보다 중요한 것은 한 사회를 발전시키기 위한 지식이나 지성의 발전을 보장하기 위해서는 모어로 사유하고 모어로 의사소통하는 능력을 제고하는 데 더 많은 노력을 기울여야 한다는 점이다. 아무리 영어 능력이 뛰어난 사람이라도 모어를 통하지 않고는 근본적인 지식을 사고하고 사상적 깊이를 더하기 어렵다. 그래서 모어로 사유하는 능력이 정밀하고 깊어짐에 따라 한 사회의 문화 및 기술이 발전할 수 있으며, 아울러 그 언어도 발전할 수 있는 법이다. 이런 이유에서 영어 공용화 논쟁은 어쩌면 한글 기계화 운동과 같이 시대가 변하면 사라지게 될 운명에 놓일 수 있다. 어떤 면에서는 영어 공용화 논쟁은 민족주의 대 보편주의의 대결이라기보다는 양자 안에 내재된 세속주의와 상업 논리가 논쟁의 지속을 은근히 부추기고 있을지도 모른다.

우리에게 무엇보다 중요한 것은 한국어 교육이다. 우리 스스로가 한국어로 된 지식과 사상을 넓히고 깊게 하여 효율적으로 의사소통하는 방법에 익숙해지면 질수록 이미 축적된 영어를 통한 글로벌 의사소통도 그만큼 효율적이고 자유롭게 진행할 수 있기 때문이다.

2. 동아시아 글로벌 커뮤니티의 필요성

글로벌리즘의 추세 속에서 가장 엄연한 사실은 국가를 단위로 한 경쟁의 심화와 이를 타개하기 위한 단위들 간의 정치·경제적 블록화 현상이다. 이러한 블록화의 상징은 바로 유럽 연합EU이다. 유럽 연합은 혈연이나 문화의 친연관계로 비교적 공고한 블록을 형성하고 있다. 그러나 이미 분지된 다양한 언어들을 수용해야 하는 문제들은 아직 해결해야 할 문제이다. 실제로 유럽 연합은 이 문제에 많은 예산을 소요하고 있으며, 이를 근본적으로 해결하기 위한 언어정보기술 개발에도 다양한 노력을 경주하고 있다.

동아시아에서의 블록화 역시 실제로 추진되어야 하지만, 유럽의 경우와 달리 동아시아 삼국은 문화적 공통성보다는 민족들 사이의 감정의 골이 깊다. 더구나 언어적으로도 세 나라는 그 간격이 많이 벌어져 있는 상황이다. 특히 한국과 일본은 근대제국주의 시대의 피지배자와 지배자라는 좋지 않은 관계를 맺었기 때문에 서로에 대한 멸시와 환멸의 감정이 끊이지 않은 실정이다. 이러한 환경에서 어느 한 언어의 우세를 인정하기는 곤란할 것이다.

최근 중국의 부상으로 한국의 최대 무역거래 국가의 순위가 바뀌게 되었다. 앞으로 한국과 중국은 무역뿐 아니라 정치·문화 영역까지 그 관계를 더욱 발전시킬 것이다. 또한 세 나라 사이에 자유무역협정FTA이 체결되면 동아시아는 하나의 시장으로 블록화될 것이 자명하다.

이에 따라 한·중·일 삼국은 의사소통의 접점을 그만큼 확대해야 할 것이다. 이 때 의사소통을 위한 근간 언어는 무엇이어야 할까?

영어는 동아시아 삼국이 가장 중시하는 제1외국어이다. 따라서 영어를 통한 의사소통이야말로 삼국간의 민족적 문제를 뛰어넘는 유일한 대안이 아닐 수 없다. 이러한 작업이 자연스럽게 진행되고 있는 것도 사실이지만, 삼국의 언어학자들이 이 문제에 대해 체계적으로 접근할 때 더 좋은 결론을 유도할 수 있을 것이다.

20세기에서는 언어학의 목적이 언어의 계통을 밝히고 민족의 정체성을 탐구하는 것으로부터 인간 언어 능력의 탐구에 이르는 것이었다면, 21세기 언어학은 언어의 지식을 더욱더 계량화하고 명시화하여 다언어 사이의 의사소통과 인간과 기계의 의사소통을 가능하게 하는 것으로 발전할 것으로 예상된다. 이를 위해 실제 사용되는 언어들을 계량화하기 위한 언어 자료의 수집과 분석이 중요하다.

동아시아에서 영어가 의사소통 언어로 자리 잡기 위해서는 한국어, 중국어, 일본어, 영어 사이의 대단위 대역 언어 자료체의 수집과 분석이 선행되어야 한다. 적어도 삼국어로 된 신문들을 대상으로 한 자료체의 수집과 분석은 시급히 진행되어야 할 과제이다. 이러한 대역 언어 자료체의 수집은 실제 의사소통을 위한 언어적 상황을 잘 보여줄 수 있기 때문이다. 예를 들어 이라크 전쟁과 같은 동아시아와는 관계없는 사실들을 보고 느끼고 서술하는 삼국 사이의 언어적 공통성과 차이를 세심하게 살펴서 통번역을 보다 효과적으로 수행하는 방법을 찾을 수도 있으며, 기계적 처리를 통한 보다 빠르고 편리한 통번역 수단을 개발할 수도 있다.

영어는 글로벌 시대의 한 생존 수단인 블록화를 수행하기 위한 커뮤니케이션 언어로서의 지위가 더욱 공고해지고 있다. 특히 동아시아 삼국의 블록화를 위한 선결 과제인 의사소통 문제를 해결하기 위해 영어의 역할은 앞으로 더욱 심화될 전망이다.

앞으로의 언어학 특히 이중언어학에 관련된 연구에서는 동아시아 커뮤니케이션 언어로서의 영어와 자국어의 비교 혹은 대조적 연구가 필요하며, 이는 실제적이고 대단위적인 언어 자료체의 수집과 분석이 뒷받침될 때 가능하다. 영어에 대한 이러한 접근은 오히려 비현실적이고 상업주의적인 영어 공용화 논쟁을 불식시키고 영어를 통한 실질적인 경쟁력 향상을 꾀하는 계기가 될 것이다.

동아시아에서 영어의 지위가 높아진다고 해서 앞에서 언급한 한국어 교육의 중요성이 저하되거나 영어 교육의 중요성이 제고되어야 한다는 뜻은 아니다. 영어 그 자체는 중요하지만 많은 수의 한국인들이 영어 능력 향상에 매달릴 필요는 없다. 수준 높은 영어를 구사하는 것만이 훌륭한 의사소통을 보장하는 것은 아니다. 얼마 전 영어 발음에 대한 문제가 사회적 논란이 된 적이 있었는데 영어의 올바른 발음은 차후의 문제에 지나지 않는다. 영어가 세계의 공용어가 되어 있다는 사실은 전 세계적으로 각양의 언어를 바탕으로 한 영어가 통용되고 있으며, 그만큼 발음의 변이체도 다양하다는 점을 의미한다. 중요한 것은 자신의 생각과 발표 요점을 효율적으로 처리하는 의사소통 능력이며, 이 능력이 발달할 때 창의적인 인간으로서 글로벌 사회에 현명하게 대처할 수 있다.

10장
디지털 미디어 사회에서의 한국어

1. 디지털 미디어 시대의 한국어
2. 한국어공학의 현황과 미래

한국어의 역사와 문화

1. 디지털 미디어 시대의 한국어

글쓰기는 인류의 오랜 관습일 뿐 아니라, 자신을 객관화하는 가장 효율적인 방법이다. 글쓰기의 이러한 전통 속에서 사회의 정체성과 결속성이 다져지고 이를 통해 문자나 언어의 신성성이 강조되기도 하였다. 문자의 발명 이래 재산의 소유나 이전을 증명하는 문서 이외에 건국 신화들이 정착되었다는 것은 이러한 사정을 반영한다. 이러한 의미에서 인간은 '말하는 인간homo loquens'에서 '이야기하는 인간homo narrance'으로 이행할 수 있었다.

고대인들은 문자를 읽고 쓰는 능력을 매우 특별하고 난이도 있는 지식으로 생각하였다. 당시의 상형문자나 표어문자는 글을 쓰는 방법이 무척 어려웠기 때문에, 글을 안다는 것은 곧 독점적으로 정보를 생산하고 관리할 수 있다는 것을 의미했다. 이러한 배경에서 문해력은 엘리트 집단에 소속될 수 있는 가장 중요한 수단이 되었다. 고대 사회에서 글쓰기는 인간의 본능을 만족시키고 사회를 통합하는 동시에 지배 계층과 피지배 계층을 나누는 권력의 시작이었던 것이다.

글쓰기의 중요하고도 극적인 또 다른 변화는 구텐베르크의 활판 인쇄(1445년)에서 비롯되었다. 구텐베르크는 정보의 확산이 중요한 산업이 될 수 있다고 믿은 사람으로, 확산의 중요한 요체가 정보의 빠른 복제라고 생각하였다. 그의 이러한 생각은 오늘의 디지털 문명을 이룬 기초가 되었다. 이러한 점에서 그가 지난 천 년간 가장 위대한 발명을 이룬 사람으로 선정된 사실은 그리 놀라운 일이 아니다. 그는 복제의 기본 단위인 알파벳을 시스템화한 최초의 인물이다. 오늘날 컴퓨터 자판에 의한 알파벳 입력 방식도 당시에 고안된 활판 인쇄의 방법을 벗어나는 것이 아니다. 이는 농기구가 기계화되었어도, 직접 풀을 베는 부분인 낫날의 기본적인 모양은 낫이 처음 만들어졌을 때와 거의 변하지 않은 것과 같은 이치라고 할 수 있다.

활판 인쇄술의 등장으로 다양한 책의 형태가 출현하게 되었으며 정보는 대량으로 복제되어 유통될 수 있었다. 왜 정보의 대량 유통이 필요했을까? 구텐베르크가 최초로 인쇄한 책이 라틴어 성경이었다는 것이 해답의 단초를 제공한다. 이는 정보 확산을 재촉하는 정보 요구가 선행하고 있었음을 의미하는 것이다. 우리나라의 금속 활자 발명이 구텐베르크보다 200년이나 앞섬(1377년 간행 「직지심체요절」로 확인)에도 불구하고 역사의 뒤안길에 묻혀 버린 것은 단지 근세기에 서양의 문화가 동양을 앞섰기 때문이라고만은 볼 수 없다. 오히려 구텐베르크의 발명은 오늘의 서양 문화를 이루는 중요한 계기가 되었던 반면에, 「직지」의 인쇄는 우리나라의 근대화에 거의 아무런 영향도 끼치지 않았기 때문이다. 왜 이러한 일이 발생했을까? 그것은 특정한 형태의 생산물이나 기술이 우리 삶에 영향을 주는 것이 아니라, 그를 필요로 하는 비등한 요구가 실제적이고 사회적인 영향을 행사하기 때문이다. 해당 사회가 그 요구를 잘 수용하여 실현시킬 때, 실현된 생산물이나 기술이 사회 변혁을 이끌어낼 수 있다는 것이다.

세종대왕이 한글을 창제했을 때 세종 개인은 음소 문자에 대한 사회적 요구를 정확히 읽어냈을 뿐 아니라, 중국 중심의 중세적 세계관을 탈피해야 하는 데 대한 지도자로서의 식견도 아울러 갖추고 있었다. 그러나 당시 지식인 그룹이 이를 수용할 만한 자질이나 비전을 갖고 있지 못하였기 때문에, 한국은 구한말까지 근대적 사회 변혁을 스스로 이끌어 낼 수 없었다. 이러한 문제로부터 문자 창제가 갖는 엄청난 문명사적 의미를 우리 자신이 너무 가볍게 생각하는 경향이 오늘날에도 존재하는 것 같다.

앞서 언급한 바와 같이 글쓰기는 문자의 형식과 문자를 적는 도구의 영향을 받는다. 수메르인들은 점토판에 효율적으로 글을 쓰기 위하여 쐐기문자를 만들어 냈으며, 갑골문이나 죽간에 글을 쓰는 전통을 이어받은 한자는 붓과 먹을 사용하여 종이라는 매체에 효율적으로 문자를 적기 위한 세로쓰기의 전형을 만들기도 하였다. 한글은 한자 문명권 안에서 창제되었기 때문에 음절 모아쓰기라는 독특한 형식을 추구하게 되었는데, 이러한 특징으로 말미암아 상당 기간 국한문 혼용의 글쓰기가 주류를 이루던 시기도 있었다.

오늘날의 글쓰기에서도 한글과 영문 알파벳을 혼용하는 형식에 통일성이 없는 것은 알파벳과 같은 전형적으로 음소를 나열하는 문자와 음소를 음절로 모아쓰는 한글이 잘 조화되지 않은 점과 관련된다. 이와 같이 문자와 매체 그리고 글쓰기 형식의 발전 사이에는 어느 정도의 상관성이 발견된다. 오늘날과 같은 디지털 시대에서는 디지털 미디어의 변화가 글쓰기에 커다란 영향을 주고 있다. 컴퓨터라는 매체에 자판으로 글을 쓰는 행위는 전통적인 종이 매체에 글을 쓰는 방식과 비교할 때 인간의 글쓰기 행태에 본질적인 변화를 가져온다. 아주 큰 차이점은 글쓰기 자체에 들이는 노동력의 감소와 글을 수정하는 편이성 및 교환의 용이성에서 찾을 수 있다.

디지털 글쓰기는 지식 중심 사회의 모든 일상을 지배하고 있다. 이제 종이에 글을 쓰는 일은 아주 보조적인 수단으로 전락하고 모니터를 보면서 직접 자판을 두드리며 글을 쓰는 일이 주류화되었다. 앞으로는 메모와 같은 보조적 글쓰기에서도 스마트폰이나 테블릿 피씨 등이 점점 종이 글쓰기를 대체할 것으로 예상된다. 특히 스크린 터치식의 스마트폰으로 소셜 네트워크를 통해 메시지를 주고받는 일들은 이제 일상적인 것이 되었다. 이러한 글쓰기에 익숙해진 사람들은 매체 통합적 글쓰기의 운용 능력 자체가 달라질 수도 있다.

이 모든 변화는 이미 빌게이츠가 설파한 대로 "모든 정보를 나의 손끝에."라는 지식정보사회의 요구로부터 비롯된 것이다. 이로써 우리의 삶은 많은 변화를 겪고 있다. 속도성, 이동성, 통합성과 같이 전통적인 글쓰기에서는 전혀 생각할 수 없었던 개념이 글쓰기에 연속적으로 부가되고 있기 때문이다. 이동성 글쓰기는 랩탑이나 테블릿, 심지어는 스마트폰을 이용하여 실현되고 있다. 앞으로 음성인식기술을 보편적으로 이용하게 되면 이 부분도 상상할 수 없는 진전을 이룰 것이다.

정보는 이제 매체에 저장에 되어있는 것이 아니라 여러 매체에 걸쳐 실시간 공유 가능한 형태로 저장된다. 글쓰기의 속도성이나 통합성도 그만큼 발전하게 되었다. 이러한 디지털 매체를 근간으로 하는 글쓰기가 점점 더 보편화된다면, 100여 년 전에 시작된 '언문일치'의 글쓰기는 그야말로 '언'과 '문'이 구별되지 않는 구어문법 위주의 글쓰기로 발전할 것으로 보인다.[1] 현재 소셜 네트워크의 글쓰기가 '읽는 글쓰기'이 아니라 '보는 글쓰기'로 나타나는 현상도 이와 관련된다. 즉 과거에는 단순히 구어 상황에서 전달되는 정보가 만인에게 공개되는 문어 형태로 나타나면서 구어와 문어의 구별이 더 혼란스러워진 것이다. 이러한 문제들을 단순히 언어파괴로 몰아가기보다는 '보이는 말'이라는 관점에서 좀 더 유연한 대처와 관련 연구가 필요하다. 무엇보다 이를 건전한 사회 인프라에서 발전하도록 유도하는 발상의 전환이 절실한 실정이다.

최근에 등장한 전자책e-book은 책이라고 하면 으레 종이책을 연상하는 종래의 개념을 넘어서는 것이다. 이 전자책은 글쓰기나 읽기, 그리고 책의 출판과 같은 저작과 독서 문화에 적지 않은 영향을 행사할 것이다. 읽기에 관한 한 종이 매체의 우수성은 타의 추종을 불허한다. 편안함과 친숙성, 그리고 인간 위주 검색의 용이성, 이동성 등에서 컴퓨터 화면을 통한 읽기가 도저히 따라올 수 없는 기능이 종이책에 존재한다. 그러나 종이책은 많은 책을 한꺼번에 가지고 다닐 수 없다는 점, 보관을 위한 너무 큰 공간을 점유한다는 점, 제작 단가 및 유통 단가가 비싸다는 점, 다른 매체로 정보를 변환시키기가 어렵다는 점 등의 여러 단점을 갖고 있다.

가까운 장래에 종이책을 간단히 폐기시킬 수는 없겠지만, 전자책의 보급과 발전 또한 눈부실 것으로 예상된다. 최근 발매된 테블릿 피씨 형의 전자책들은 머지않은 장래에 전자책이 종이책을 대체할 가능성

---

1 여기서 특별히 '구어'라고 하지 않고 '구어문법'이라고 한 것은 구어로 말하는 것과 '구어문법'에 입각해 글을 쓰는 것 사이에는 여전히 일정한 간극이 존재할 것이라고 예상하기 때문이다. 또한 '구어문법'을 통하여 현재의 맞춤법 통일안과 같은 글쓰기의 표준 표기법에도 많은 변화가 있어야 함을 주장하는 뜻이기도 하다.

을 충분히 보여주고 있다.

　전자책의 발전으로 전통적인 종이책의 인덱스 개념도 큰 변화를 겪을 것이다. 종이책의 인덱스는 책을 검색하기 위해 글쓰기에 대한 훌륭한 제도로 발전해 왔다는 점에서 '인덱스 달기'는 저자의 의무일 뿐 아니라 고유한 권한으로 여겨져 왔다. 그러나 전자책의 인덱스는 자연언어처리 기술을 이용하여 시스템이 인덱스를 직접 구성하는 쪽으로 발전할 전망이다. 꼭 필요한 몇 가지 핵심 단어만 시스템에 설정해 놓으면, 지식의 인덱스를 구성하는 일은 인공지능이 알아서 처리하는 새로운 개념의 전자책이 등장할 것이다.

　현재 종이책이나 전자책의 인덱스는 단어 검색만이 가능하지만, 미래의 전자책에서는 문장 검색도 가능하다. '자연언어처리'에 대한 책을 읽으면서 "자연언어처리의 분야는?"이라는 물음에 직접 답하는 방식으로 인덱스의 기능이 확장될 것이다. 또한 '자연언어처리 ~ 자연어처리 ~ NLP' 등의 검색어를 모두 동일한 것으로 수용하기 때문에 종이책의 인덱스보다 더욱 유연하다는 장점을 지니게 된다. 텍스트가 "한글은 1443년에 창제되었다."라는 문장만을 포함하고 있는 데도, "훈민정음이 만들어진 해는?"이라는 질문에 답할 수도 있기 때문이다.

　전자책은 하이퍼텍스트 기능도 포함하고 있기 때문에, 모르는 개념이 등장하면 바로 해당 단어를 클릭하여 도움말을 얻게 된다. 이 기능은 방금 설명한 인덱스 검색과 같이 전자책의 다른 저서들과 공유할 수 있기 때문에, 독자의 정보 욕구를 만족시키기가 쉽다. 이런 기능을 잘 활용하면 나만의 백과사전을 따로 구성할 수도 있다. 이제 종래의 책의 개념과 전혀 다른 새로운 개념의 책이 등장할 날도 머지않았다.

디지털 문명은 종이에 알파벳 문서가 활판으로 인쇄된 사건 이후 가장 극적인 발전을 우리의 '글쓰기'에 제공하고 있다.

전자책의 발전은 결국 글을 쓰는 방식에도 변화를 가져올 것이다. 책의 용도와 그것을 다루는 태도의 변화는 저자가 글을 쓰는 행태에도 영향을 끼칠 것이기 때문이다. 전자책으로 인해 저자와 독자 사이의 상호 작용 또한 빈번할 것이 예상된다.

지하철을 타고 가면서 전자책 '다시 보는 한국사'를 읽고 있는 한 독자가 고려 무신정권 성립에 관한 사료 제시에 의문이 생겼다고 가정해 보자. 독자는 바로 소셜 네트워크를 통해 의문 사항을 질의할 수 있다. 그런데 이 문제는 이미 많은 독자들이 질의한 내용이기 때문에, 자동응답시스템을 통해 "사료 제시에 착오가 있어 개정판을 등록시켰으니 개정판 3.1을 다운받으라."는 응답이 즉시 도착한다.

전자책 출판으로 내용 개정이 쉬워짐으로써 저자들은 끊임없는 개정 요구에 시달리게 될 것이다. 독자들 또한 "어떤 책을 읽는가보다는 책을 언제 읽었는가."를 더 심각한 이슈로 삼을지 모른다. 전자책의 이러한 속성은 추고와 같은 글쓰기의 전통적인 미덕마저 위협하게 될 것이다. 추고는 그야말로 출간된 이후에 두고두고 하는 것이지 출간 직전 탈고를 위한 고통을 의미하지 않을 것이기 때문이다.

간단한 수필이나 시와 같은 텍스트는 스마트폰이나 테블릿 피씨 등을 통해 신속하게 글을 쓰고 업로드하여 바로 전자책의 한 부분이 될 것이다. 이런 일이 빈번해지면, 입말과 글말의 구별은 점점 희박해지며 유려한 문체보다는 짧고 간결한 문체가 발전할 것이다. 이미 이런 일들은 현재의 글쓰기 유형에도 확연히 드러나고 있다.

디지털 글쓰기의 또 다른 특징은 시청각을 종합한 형태의 글쓰기를 요구한다는 점이다. 이미 많은 부분 글자와 그림, 그리고 소리를 종합한 글쓰기가 세력을 얻고 있다. 원고지에 글을 쓰는 것과 같은 아날로그 글쓰기에서는 할 수 없었던 일들이 디지털 글쓰기에서는 가능하기 때문이다. 동영상이 담긴 카드나 이모티콘이나 스티커(내용을 함축한 그림)이 덧붙여진 메시지들이 이에 해당한다. 글쓰기에서 이러한 그림들은 이미 하나의 단어이며 문장이다.

활판 인쇄 문명은 오랜 동안 많은 양의 '긴 글쓰기'를 촉진해 왔다. 소설이라는 장르도 인쇄술의 발전으로 번성하게 되었을 것이다. 이에 대해 디지털 글쓰기는 '짧은 글쓰기'를 촉진하고 있으며, 이로 인해 짧은 호흡의 문체와 그림(기호)과 글자와 소리가 잘 조화되는 새로운 장르의 문학 행위가 번성하고 있다. 더구나 일인 미디어인 블로그나 UCC 등이 소셜 네트워크를 통해 전달되는 과정을 보면 저자와 독자 사이의 간극도 무너지고 있음을 알 수 있다. 이러한 일인 미디어에 나타나는 글쓰기들은 글과 그림, 그리고 음악이 조화된 짧은 호흡으로 이루어진 '보는 글'의 전형을 개척하고 있다. 이미 이러한 글쓰기에 익숙하지 않은 사람들은 인터넷 상의 글쓰기 대열에서 점점 멀어져 갈 수밖에 없다.

디지털 글쓰기의 또 다른 특징은 간결한 문체와 두괄식 논리 전개이다. 파워포인트와 같은 문서 저작 도구를 예로 들어보자. 이 프레젠테이션 도구는 말 그대로 '보이기 위한 문서 저작 도구'이다. 읽혀지기 위한 문서를 작성하는 것이 아니라는 점이 이 도구의 큰 특징이다. 파워포인트로 저작된 문서는 한 페이지에 길어야 10줄 정도를 채우는 것이 적당하다. 얼마 전까지만 해도 파워포인트는 소수의 사용자들만이 사용했으나, 이제는 거의 모든 설득적 글쓰기 활동이 파워포인트 문서를 통해 이루어지고 있다. 파워포인트의 이러한 힘은 어디서 비롯된 것일까? 파워포인트는 과거 괘도 브리핑의 디지털화를 의미하기도 하지만, 이제까지 논의한 디지털 글쓰기의 특징을 잘 구현할 수 있기 때문이다.

먼저 파워포인트는 짧은 글쓰기를 유도한다. 한 페이지의 문장 분량만 적을 뿐 아니라, 문서 전체의 문장 분량도 적어지게 된다. 한 문장도 될 수 있는 대로 간결한 것이 좋다. 따라서 명사문의 활용도가 높아지는 것은 당연하다. 또한 파워포인트 문서에는 그림이나 음향의 삽입이 용이하며, 문장이나 단어를 여러 가지 방법으로 강조할 수도 있다. 즉 단순히 문장만으로 내용을 전달하는 것이 아니라, 시청각의 전 감각에 호소하는 방법을 사용하게 된다. 파워포인트는 결론을 먼저 말하고 그 결론을 설득한 후 나중에 이유를 설명하는 두괄식 사고에 익숙한 사람에게 적합한 저작 도구이다. 앞으로도 이러한 방식의 글쓰기는 그 방법이 더 세련되게 발전할 것이다.[2]

글쓰기만으로 모든 것을 전달하려는 아날로그 글쓰기에서는 각종 수사법이 발전하게 되고 자신의 생각을 충분히 전달하기 위한 여러 가지 표현법이 등장하지만, 디지털 도구에서는 일관된 문장 표현으로 자신의 생각이 여러 가지 굴절을 거치지 않고 즉자적으로 전달되도록 하

---

2 최근에는 말하려는 요점을 스토리텔링의 방식으로 서두에 두는 방식을 선호한다. 먼저 상대방의 마음을 사로잡고 자연스럽게 결론을 유도하는 방식이 하나의 글쓰기 경향이 되고 있다는 뜻이다.

는 것이 중요하다. 은유보다는 직설적 표현이 효과적이라는 뜻이다. 아날로그에서 은유가 담당했던 요소들은 이제 그림과 배경음이 그 기능을 대신하고 있다. 비유를 대체하는 또 하나의 요소는 스토리텔링이다. 독자의 주의를 환기하기 위해 직접적인 예화를 들거나 프레젠테이션의 전 과정을 하나의 스토리로 구성하기도 한다. 이러한 방법은 꽤 설득적인 것이어서 스토리텔링은 글쓰기의 새로운 방향을 제시하는 데 이르렀다.

은유는 표현을 극대화시키기도 하지만, 불필요한 오해를 불러일으키기도 한다. 아날로그 값에는 필연적으로 잡음이 있게 마련이지만, 디지털 정보에는 잡음이 없다. 손으로 쓴 글에는 그 필적에 쓴 사람의 성격과 글을 쓸 때 마음의 상태가 많이 드러나지만, 디지털 글쓰기에는 이러한 잡음이 상대적으로 적을 수밖에 없다. 그 대신 짧은 문장에 더 많은 정보를 담으려는 노력이 강조된다. 이러한 점에서 디지털 글쓰기는 어쩌면 글쓰기의 인간적 향취를 앗아가는 역할을 수행하게 될지도 모른다. 그러나 인간은 어떤 환경에서도 자신을 폭넓게 표현하면서 의사소통을 효율적으로 전개하는 방법을 발전시켜 왔다. 디지털 글쓰기도 결국 그와 같은 방향으로 발전할 것이다.

디지털 글쓰기는 매체를 활용하는 글쓰기이다. 이러한 매체는 단순히 저작 도구만을 의미하지는 않는다. 인터넷이라고 하는 연결망도 글쓰기를 변화시키는 하나의 요인이다. 아날로그 시대에서는 대자보라는 매체가 수행하던 역할을 이제는 인터넷 게시판이 충실히 수행하고 있다. 그 기능은 점점 심화되어 가고 있으며, 날로 그 중요성이 더해지고 있다. 인터넷 세상의 요체는 한마디로 개인과 개인이 대량으로 연결되어 있다는 것이다. 앞서 언급한 소셜 네트워크의 존재는 바로 이러한 개인과 개인의 복잡한 커뮤니케이션 연결망 그 자체이다. 지금 인터넷에는 익명의 개인들이 표현의 제약을 거의 받지 않고 별의별 내용의 글쓰기를 유통시키고 있다. 이러한 새로운 의사소통 방식에는 필연적으로 새로운 의사소통 예절이 필요하다. 따라서 이 새로운 의사소통을 위한 부드럽고 예절바른 문장 작법과 논리적 설명을 부가하는 방법에 대한 교육이 절실한 실정이다.

익명을 무기로 언어폭력이 난무하고, 비논리적 언설로 앵무새처럼 자신의 주장을 되뇌기만 하는 '인터넷 글'들을 자주 목도하게 되는 것은 디지털 문명이 가져온 어두운 그림자 중 하나이다. 이러한 글들은 디지털형의 '양치는 소년 우화'를 상기시킨다. '양치는 소년 우화'는 거짓이 계속 유포된다면 어떤 비극적 결과를 초래하는지 경고한다. 이런 점에서 인터넷 게시판에 떠도는 익명의 언어유희와 폭력은 진실성이라고 하는 것이 무엇인가를 숙고하게 한다.

장터의 민주주의가 진실을 담보할 수 없듯이, 언어 예절 없는 인터넷은 사회의 새로운 불안을 이미 잉태하고 있다. 과연 이를 제어할 만한 힘을 아날로그 세대는 갖고 있는 것일까? 새로운 세대는 새로운 매체를 이미 부여받고 이미 왕성한 의사소통을 시작하고 있다. 이러한 현상은 마치 아이들만이 무인도에 도착하여 새로운 질서를 창조해 나가는 과정과 흡사하다고 볼 수 있다. 아날로그 세대는 과연 무엇을 할 수 있을까? 그들에게 아날로그적 글쓰기만을 강조하는 것으로 앞선 세대의 역할을 온전히 감당하고 있다고 할 수 있을까? 디지털 시대에 맞는 문장론의 모색은 바로 이런 문제에 대한 숙고로부터 시작되어야 할 것이다.

디지털 글쓰기에서는 문단 나누기를 어떻게 표현해야 할까? 들여쓰기는 왜 필요한가? 문장 부호는 어떤 표준을 따라야 하는가? 아날로그 시대에서 별로 중요하지 않았던 문제들이 시각 효과를 중요시하는 디지털 글쓰기에서는 좀 더 중요한 문제가 될 수 있다. 이런 문제들을 하나씩 풀어가다 보면 아날로그 세대들도 디지털 글쓰기에 대해 보다 책임 있는 해답을 줄 수 있을 것이다. 디지털 세대는 사실 아날로그 세대들이 분명한 태도로 도움 주기를 기다리고 있다. 세대를 넘어서 서로의 글쓰기를 이해하고 도움을 주는 일, 이것만이 닥쳐올 글쓰기의 혼란을 미연에 방지하고 글쓰기 문화의 혁신을 유도하는 바람직한 방법이다. 디지털 문명은 글쓰기의 변혁을 요구하고 있다.

디지털 미디어를 통한 언어생활에는 아직 해결해야 할 문제들이 산적해 있다. 긍정적인 면은 지식정보 사회를 이끌어 가는 힘을 집약할 수 있다는 점이다. 그만큼 많은 사람들이 디지털 미디어를 통해 의사소통을 하기 때문에 이를 통한 산업적 효과는 매우 크다. 그러나 익명성을 무기로 다른 사람들에게 정신적·물질적 피해를 안기고 현대한 국어의 언어생활을 비표준적이고 격식 없는 것으로 만드는 일은 분명 지양되어야 한다. 이를 위하여 관련 사실에 대한 연구 조사와 언어처리 기술의 확대 적용이 시급하다.

디지털 미디어의 언어는 근본적으로 더욱 구어적인 표현들이 많아지기 때문에 표준적인 구어문법의 정립이 시급하고 이에 대한 기반 연구도 더 활발하게 진행될 필요가 있다. 디지털 미디어의 언어생활에서 시급히 진행되어야 할 연구 과제는 디지털 미디어의 언어생활이 실제의 언어생활과 얼마나 다른가에 대한 확실한 자료와 근거에 대한 기초조사로부터 시작되어야 한다. 현재의 사이버 공간은 익명성을 무기로 다른 사람의 권리나 인격을 파괴하는 일들이 서슴지 않고 자행되는 경우가 많다. 따라서 이를 상업주의의 모럴 안에서 극복해야 할지 아니면 보다 적극적인 제도적 장치가 필요한지에 대해서도 생각해 볼 필요가 있다.

사이버 공간은 국가나 민족, 집단을 초월하여 존재하는 것처럼 보이지만, 실제로는 언어적 영역에 갇혀있는 경우가 대부분이며, 집단 이기주의에 빠져 있는 경우도 흔히 볼 수 있다. 결국 사이버 공간 안에서의 개인적 집단적 행태도 넓게 보면 그 국가의 문화적 수준 안에서 발생하는 일이기 때문에 언어 예절뿐 아니라, 토론의 방법, 논리적 의사소통 능력을 꾸준히 계발하는 교육적 장치가 필요하다.

형식적으로는 맞춤법에 맞는 언어생활이 가능하도록 유도하고, 제반 언어생활에 필요한 문서 형식들도 디지털 미디어 언어생활에 맞는 것으로 고쳐가야 할 것이다. 사회적으로는 건전한 여론 조성을 도울 수 있는 새로운 의사 결정 도구들은 개발하는 일이 시급하다.

2. 한국어공학의 현황과 미래

21세기는 정보폭발의 시대라고 해도 무방하다. 그래서 과도하게 생산되는 정보들 중에서 필요한 정보만을 찾거나 관리하는 기술이 절대적으로 필요하게 되었다. 우리가 늘 사용하는 검색 시스템도 이러한 기술 중의 하나이다. 또한 스마트폰이나 파워포인트 등과 같이 정보들을 간결하게 교환할 수 있는 기기나 소프트웨어의 발전, 그리고 이를 잘 사용하는 능력까지도 이러한 기술들에 포함될 수 있다.[3]

언어정보산업은 "컴퓨터가 사람의 일상 언어를 이해하고 생성"하여 "지적 노동과 정신 활동의 보조자"가 될 수 있도록 하는 제반 기술을 바탕으로 한 산업적 활동을 의미한다.[4] 컴퓨터는 기본적으로 양방향 의사소통이 가능한 기기일 뿐 아니라, 인간의 사고 능력을 모의할 수 있는 현존하는 유일한 기계적 모형이다. 그런데 아직 컴퓨터는 인간의 지능에 필적한 만한 지적 능력을 갖추지 못하고 있다. 컴퓨터가 점점 더 똑똑해지려면 기본적인 언어정보처리는 물론 복잡한 언어 내용도 처리가 가능해야 한다. 이런 점에서 21세기의 언어학은 언어정보산업 발전에 부응하기 위한 언어자원 구축과 언어 분석 방법론 개발에

---

3 최근에는 이들을 문해력의 범주에 넣는 '디지털 리터러시'라는 용어도 생겨났다.

4 언어정보산업을 위한 연구 중에서 한국어를 대상으로 한 공학적 연구를 '한국어공학'이라고 하는데, 이를 공학적 입장에서는 '한국어정보처'리라고 하고 언어학적 입장에서는 '한국어공학'이나 '전산 한국어학'이라고 한다.

노력할 필요가 있다.

언어정보산업의 분야는 코퍼스(말뭉치), 전자사전, 지식베이스, 온톨로지와 같은 어휘망 등을 구축하는 기반기술과 자연어 검색, 자동 번역, 텍스트 마이닝, 인공지능 대화 등의 응용기술로 나누어 생각해 볼 수 있다.[5]

(1) **자연어 검색** : 형태소 분석이나 구문 분석을 통해 대용량 문서를 자동으로 색인하여 원하는 자료를 일상어의 형태로 검색할 수 있도록 하는 기술.

(2) **자동 번역** : 대상 언어를 자동으로 목표 언어로 변환하는 기술. 한 언어와 다른 한 언어만을 대상으로 하는 1:1 번역 기술과 여러 언어들을 동시에 처리하는 多:多 번역 기술, 그리고 자연어와 기계어 사이를 번역하는 기술 등으로 나눌 수 있다.

(3) **텍스트 마이닝** : 대용량 자료로부터 문서들을 내용의 범주에 따라 자동으로 분류해주는 기술인 문서자동분류 기술, 대용량 문서들을 자동으로 요약해 주는 문서자동요약 기술, 대용량 문서들을 비슷한 내용끼리 묶어주는 문서자동군집 기술, 그리고 대용량 문서로부터 필요한 정보만을 간추려 주는 정보추출 기술 등을 의미한다.

(4) **인공지능 대화** : 인간과 컴퓨터가 마치 인간과 인간이 말하듯이 대

---

5 기반기술은 언어 자료체를 축적하고 관리하는 기술과 응용기술에 사용 가능한 어휘나 지식 사전의 형태를 설계하고 이를 구축하는 기술이다. 이에 대해 응용기술은 실생활에서 사용 가능한 형태의 언어처리 기술을 의미한다. 자연언어의 형태 단위나 구문 단위를 분석하는 형태소 분석 기술, 구문 분석 기술도 기반기술의 한 형태이다.

화할 수 있도록 컴퓨터에게 언어 능력이나 지식을 부여하는 기술. 현재는 주로 엔터테인먼트나 교육 목적에 활용되고 있다. 앞으로는 음성 기술과 접목하여 로봇에게도 활용할 수 있으며, 다중 매체를 연결하고 소셜 네트워크를 지능화하는 에이전트로도 활용될 수 있다.

한국어공학의 발전은 단순히 자국어를 처리하는 방향을 넘어 글로벌 커뮤니케이션이 원활하게 이루어지도록 발전할 필요가 있다. 이를 위해서는 다국어 처리 기술, 언어 지식베이스 구축 등 기반적인 언어정보처리 기술의 향상이 필요하다. 또한 다국어 병렬코퍼스(구문코퍼스, 연어정보 데이터베이스) 등이 대량으로 구축되고 이를 기반으로 하는 소프트웨어의 생산도 이루어져야 한다. 또한 숙어사전, 유의어사전 등을 포함한 개방형 전자사전들이 어떠한 디지털 미디어를 통하든지 원활하게 이용될 수 있어야 한다. 분야별 온톨로지나 어휘의미 네트워크 등은 일상생활에서는 사용되지 않는 기술이지만, 컴퓨터가 언어정보 처리에 관련된 일을 하려면 필수적으로 갖추어야 하는 기반 기술이다.

언어정보산업의 기반기술이나 응용기술을 발전시키려면 언어정보 처리를 위한 언어학적 연구가 필수적으로 선행되어야 한다. 여기에는 형태소 분석, 의미 분석, 구문 분석, 담화 분석을 정밀하게 수행하기 위한 기초 연구가 반드시 필요하다. 현재는 형태소 분석 연구만이 그나마 자리를 잡고 있는 실정이며 구문 분석이나 의미 분석 등의 연구는 앞으로도 많은 시간을 요하는 과제가 되고 있다. 언어학은 또한 사전 제작 지식을 바탕으로 온톨로지나 어휘망 구축에 중요한 역할을 수행한다. 이와 같이 언어정보산업에 필요한 기술 및 연구들은 학제간 연구 및 대단위 연구진의 협동을 요하고 장기간에 걸쳐 직접 사용 가능한 기술로 검증되어야 하기 때문에 아직도 많은 시간과 노력이 필요하다.

이러한 이유로 21세기의 언어학은 정보처리 중심의 복합적 경향으로 발전할 가능성이 많다. 19세기의 언어학은 생물학적 체계성 및 방법론에 의존하여 민족주의적이며 집단적인 경향의 연구였다면 20세기의 언어학은 기호론을 중심으로 보편주의적이면서 개별 이론적인 방향으로 연구가 진행되었다. 언어학의 중심이 되는 음운, 형태, 의미 이론 및 역사적 연구는 앞으로도 계속될 것이지만, 이들을 모의하고 이론의 정당성을 입증할 수 있는 정보처리 중심의 연구도 언어학의 주요한 분야로 자리 잡을 것이다.

21세기의 언어학은 또한 코퍼스를 중심으로 한 대용량 언어 자원을 활용하는 방향으로 진행될 것이다. 이는 인간 인지의 연역적 추론에 의존하는 이론적 연구에서 탈피하여 다시금 언어 이론의 경험주의를 부활하려는 움직임과 부합된다. 이러한 언어학의 연구는 하나의 응용적 쓰임에 한정하는 것이 아니라, 언어활동을 인간의 전 복합적 정신 활동의 일부로 간주하여 인간 정신과 언어와의 관계를 보다 논리적으로 파악하고 그 심리적 기제를 정밀하게 파헤칠 수 있는 방향으로 발전해야 한다. 이를 위하여 언어 분석의 목표를 먼저 언어정보 분석에 두고 전개하는 방법론의 연구가 지속적으로 진행될 필요가 있다. 언어정보처리에 입각한 연구 방법론은 언어 분석의 비약을 지양하고 처리 절차의 연속성을 중시하는 언어 연구이기 때문이다. 언어정보처리를 위한 언어 분석의 특징은 다음과 같다.

> (1) 분석 목표가 확실하고 단순해야 한다.(격 분석, 시제 분석, 문형 분석)
>
> (2) 산업적 사용 목적에 따른 다양한 분석이 가능해야 한다.(자연어 검색, 자동 번역)
>
> (3) 세밀한 분류 체계를 만족하는 각 언어 단위들을 자질 중심으로 분석해야 한다.(다단계 품사 분류, 통사 및 의미 분류의 통합화)
>
> (4) 각 어휘들의 관계를 체계적으로 표현하고 다양한 의미 관계도 포착할 수 있어야 한다.(시소러스, 온톨로지, 연어 정보, 유의어·반의어 정보)

결론적으로 21세기 언어학은 언어정보산업 발전을 위한 핵심 연구 분야로 성장해야 한다. 그리고 이러한 연구를 원활하게 수행할 수 있도록 대용량 자료 처리를 위한 경험주의 중심의 연구 방법론이 새롭게 제시되어야 할 것이다. 무엇보다 언어정보처리를 위한 연구자 집단이 구성되고, 대량의 언어자원 구축이 활성화될 필요가 있다. 그런데 현재는 이러한 연구를 위한 교육 체계가 확립되어 있지 않아서 후속 연구자 양성이 시급한 실정이다.

언어정보처리를 위한 언어 분석 모델은 인간 행동 양상을 새롭게 조망하여 21세기 인문학의 새로운 전범을 제공할 가능성이 있다. 이러한 이유로 언어학의 새로운 발전을 위한 관심이 언어학자나 한국어학자들에게 좀 더 각인될 필요가 있다. 특히 최근에는 인간의 언어능력이 두뇌에 각인된 경위와 그 형태에 대한 연구가 시작되었는데, 인지 과학의 한 영역으로서 언어학, 특히 자연언어처리 연구를 통해 새로운 사실을 밝혀낼 수 있을 것으로 기대하고 있다.

우리 인간은 언어에 대한 문제를 숙고하면서 문자를 만들고 글쓰기 방법을 변용하는 등 문명적 발달을 이루어 왔다. 언어연구의 이러한 전통 속에서 19세기부터 20세기에 걸쳐 번성하기 시작한 언어의 과학적 연구는 인간과 언어에 대한 여러 사실들을 새롭게 알려주기도 하였다. 그러나 이러한 이론 중심의 연구들이 실제의 생활과 멀어지면서 언어학도 인문과학의 중심에서 멀어지게 되었다. 이러한 문제들을 극복하려면 언어 연구가 우리(인류 혹은 각 언어공동체)의 정체성을 드러내는 가장 좋은 수단이라는 인식 아래 언어문화의 혁신적 진전을 위한 실용적 연구에 보다 많은 관심을 기울여야 할 것이다.

한국어의 역사와 문화

참고문헌

강 영. 1998. 「대명률직해 이두의 어말어미 연구」, 국학자료원.

강길운. 1988. 「한국어 계통론」, 형설출판사.

______. 1990. 「고대사의 비교언어학적 연구」, 새문사.

고영근. 1997. 「개정판 표준 중세국어 문법론」, 집문당.

______. 2008. 「민족어의 수호와 발전」, 제이앤씨.

고창수. 1992. 「고대 국어의 구조격 연구」, 고려대학교 박사학위논문.

______. 1999. 「한국어와 인공지능」, 태학사.

______. 2002. 「자질연산문법이론」. 도서출판 월인.

______. 2007. 「한국어의 접사 체계」, 한성대학교 출판부.

______. 2011. 「신라 향가의 표기 원리」, 한성대학교 출판부.

고창수 외. 2012. 「인공지능 대화시스템 연구」, 지식과교양.

김동소. 2007. 「한국어의 역사」, 정림사.

김무림. 2004. 「국어의 역사」, 한국문화사.

김민수. 1982. 「신국어학사」 (전정판), 일조각.

______. 1987. 「국어학사의 기본이해」, 집문당.

김방한. 1983. 「한국어의 계통」, 민음사.

______ · 김주원 · 정제문. 1986. 「몽골어와 퉁그스어」, 민음사.

김상대. 1987. "구결문의 설정에 대하여", 「국어학」16, 국어학회.

김석환. 1997. 「훈민정음 연구」, 한신문화사.

김승곤. 1978. 「한국어 조사의 통시적 연구」, 대제각.

김완진. 1957. "-n, -1 동명사형의 통사론적 기능과 발달에 대하여", 「국어연구」2.

______. 1980. 「향가해독법연구」, 서울대학교 출판부.

______. 2000. 「향가와 고려가요」, 서울대학교 출판부.

김원경. 2008. 「정보처리문법의 이해」, 도서출판 역락.

김정태. 2005. 「현행 한글맞춤법의 이해와 실제」, 충남대학교 출판부.

김종훈 · 박영섭 · 박동규 · 김태곤 · 김종학. 1998. 「한국어의 역사」, 대한교과서주식회사.

김진우. 1985. 「언어」, 탑출판사.

김창룡. 1991. 「우리 옛 문학론」, 새문사.

김형수. 1980. 「한국어와 몽고어와의 접미사 비교연구」, 동국대학교 박사학위논문.

남풍현. 1981. 「차자표기법연구」, 단국대학교 출판부.

남풍현·심재기. 1976. "구역인왕경의 구결연구(기일)", 「동양학」6.

도수희. 1984. 「백제어 연구」, 홍문각.

______. 2010. 「한국지명 신연구」, 제이앤씨.

문선규. 1987. 「중국고대음운학」, 민음사.

박병채. 1966. "향가표기의 원류적 고찰", 「국어국문학」32.

______. 1968. "고대 삼국의 지명어휘고", 「백산학보」5, 백산학회.

______. 1971. 「고대국어의 연구」, 고려대학교 출판부.

______. 1989. 「국어발달사」, 세영사.

______. 1994. 「새로 고친 고려가요 어석연구」, 국학자료원.

박영준. 1994. 「명령문의 국어사적 연구」, 국학자료원.

______·시정곤·정주리·최경봉. 2002. 「우리말의 수수께끼」, 김영사.

박은용. 1974. "한국어와 만주어의 비교연구(상, 하)", 「효성여대 논문집」14, 16, 17.

박지홍. 1957. "구지가 연구", 「국어국문학」16, 국어국문학회.

박희숙. 1984. 「대명률직해의 이두연구」, 명지대학교 박사학위논문.

시정곤. 2006. 「응용 국어학의 탐구」, 도서출판 월인.

시정곤·길이만·최숙희. 2006. 「인간, 컴퓨터, 언어」, 도서출판 역락.

시정곤(편). 2007. 「디지털로 소통하기」, 글누림.

신용하. 2006. 「일제 식민지 정책과 식민지근대화론 비판」, 문학과 지성사.

심재기. 1975. "구역인왕경의 구결에 대하여" 「미술자료」18.

안병희. 1976. "구결과 한문훈독에 대하여", 「진단학보」41.

안병희·이광호. 1990. 「중세국어문법론」, 학연사.

양주동. 1942. 「조선고가연구」(증정판 1965 「고가연구」), 일조각.

유창균. 1980. 「한국고대 한자음의 연구」1, 계명대학교 출판부.

______. 1983. 「한국고대 한자음의 연구」2, 계명대학교 출판부.

이기문. 1981. "이두의 기원에 대한 일고찰", 「진단학보」52, 진단학회.

______. 1991. 「국어 어휘사 연구」, 동아출판사.

______. 1998. 「국어사개설」, 태학사.

이병선. 1982. 「한국고대 국명·지명 연구」, 형설출판사.

이승욱. 1973. 「국어문법체계의 사적연구」, 일조각.

이승재. 1989. “차자표기 연구와 훈민정음의 문자론적 연구에 대하여”, 「국어학」 19, 국어학회.

이승재. 1992. 「고려시대의 이두」, 태학사.

이주행. 2005. 「한국 어문 규범의 이해」, 보고사.

임용기·홍윤표. 2006. 「국어사 연구 어디까지 와 있는가」, 태학사.

장세경. 1990. 「고대 차자 복수인명 표기 연구」, 국학자료원.

전정례. 1991. 「중세국어 명사구내포문에서의 -오- 의 기능과 변천 」, 서울대학교 박사학위논문.

______. 2002. 「훈민정음과 문자론」, 도서출판 역락.

정연규. 1997. 「언어로 풀어보는 한민족의 뿌리와 역사」, 한국문화사.

정철주. 1988. 「신라시대 이두의 연구(조사와 어미를 중심으로)」, 계명대학교 박사학위논문.

천소영. 1990. 「고대국어의 어휘연구」, 고려대학교 민족문화연구원.

최경봉·시정곤·박영준. 2008. 「한글에 대해 알아야 할 모든 것」, 책과 함께.

최남희. 1986. 「고려향가 차자표기법 연구」, 홍문각.

최범영. 2010. 「말의 무늬(알타이어 방언학)」, 종려나무.

최범훈. 1977. 「한자차용표기체계연구」, 동국대학교 한국학 연구소.

______. 1981. 「중세국어 문법론」, 이우출판사.

최영애. 1990. “중국고대음운학에서 본 한국어어원문제”, 「동방학지」 67, 연세대학교 국학연구원.

홍윤표. 1994. 「근대국어 연구1」, 태학사.

홍윤표 외. 2002. 「한국어와 정보화」, 태학사.

홍윤표. 2009. 「살아있는 우리말의 역사」, 태학사.

홍종선. 1990. 「국어 체언화 구문의 연구」, 고려대학교 민족문화연구원.

홍종선·김서형·고경태·김태훈·이현희·함희진·이숙경. 2006. 「후기 근대국어 형태의 연구」, 도서출판 역락.

홍종선·성지연·김현주·김혜영·박상진·박미영. 2006. 「후기 근대국어 통사의 연구」, 도서출판 역락.

홍종선·최호철·한정한·최경봉·김양진·도원영·이상혁, 2009, 「국어사전학 개론」, 제이앤씨.

가우어. 1995. 「문자의 역사」(강동일 역), 도서출판 새날.

도나휴. 2002. 「상형문자의 비밀」, 길산.

람스테트. 1985. 「알타이어 형태론 개설」(아알토편, 김동소역), 민음사.

밀러. 1985. 「일본어의 기원」(김방한 역), 민음사.

칼그렌. 1975. 「한자고음사전」, 아세아문화사.

칼그렌. 1985. 「고대한어음운학개요」(최영애 역), 민음사.

有板秀世. 1955. 「上代音韻攷」, 三省堂

龍宇純. 민국. 78. 「韻鏡校注」, 藝文印書館.

林尹. 민국. 71. 「中國聲韻學通論」, 黎明文化事業公司 「宋本廣韻」(陳彭年 重修), 黎明文化事業公司.

Ball. 1913. *Chinese and Sumerian*, London: Oxford Univ. Press.

Benzing. 1955a. *Die tungusischen Sprachen*, Versuch einer vergleichenden Grammatik, Wiesbaden.

________. 1955b. *Lamutischen Sprachen*, Wiesbaden.

Chomsky. 1981. *Lectures on Government and Binding*, Dordrect: Foris Publication.

________. 1986. *Knowledge of Language : Its nature, Origin and Use*, Cambridge, Mass. MIT Press.

Daniels & Bright(edited). 1996. *The World'd Writing Systems*, New York Oxford: Oxford Univ. Press.

Lehmann. 1984. 「역사언어학개설」(김재복 역), 형설출판사.

Robinson. 2007. 「로스트 랭귀지」(최효은 역), 이지북출판사.

Sampson. 2000. 「세계의 문자체계」(신상순 역), 한국문화사.

찾아보기

저자 | **고창수**

고려대학교 영어영문학과 문학사
　　　　　국어국문학과 문학석사
　　　　　국어국문학과 문학박사
석사논문 『어간형성 접미사의 설정에 대하여』
박사논문 『고대국어의 구조격 연구』

한성대학교 한국어문학부 교수

• 저서
『한국어와 인공지능』
『자질연산문법이론』
『한국어의 접사체계』,
『소통을 위한 한국어문법』(공저)
『신라 향가의 표기 원리』
『인공지능 대화시스템 연구』(공저)

한국어의 역사와 문화_개정판

초판 인쇄 l 2013년 10월 30일
초판 발행 l 2013년 11월 6일

저　　자　고창수

책임편집　손경아

발 행 인　윤석원
발 행 처　도서출판 지식과교양
등록번호　제 2010-19호
주　　소　서울시 도봉구 창5동 262-3번지 3층
전　　화　(02) 900-4520 (대표)/ 편집부 (02) 900-4521
팩　　스　(02) 900-1541
전자우편　kncbook@hanmail.net

ⓒ 고창수 2013 All rights reserved. Printed in KOREA

ISBN 978-89-6764-035-4　03710　　　　　　　　　정가 14,000원